出版の崩壊とアマゾン

amazon

出版再販制度〈四〇年〉の攻防

高須次郎
Takasu Jiro

論創社

出版の崩壊とアマゾン——出版再販制度〈四〇年〉の攻防　目次

序　章　アマゾンへの出荷停止

第Ⅰ章　再販制度廃止をめぐる攻防

第Ⅱ章　ポイントカード戦争

第Ⅴ章　アマゾンと出版崩壊

終　章　出版敗戦前夜

序　章　アマゾンへの出荷停止

第1節　アマゾンへの出荷停止の記者会見

二〇一四年（平成二十六年）五月九日午後、都内で「アマゾンへの自社出版物の出荷一時停止記者会見」が開催された。出版業界紙だけでなく、新聞各社のほかテレビカメラも入り、二〇人以上のマスコミ関係社が取材に集まった。なぜ出版物小売り第一位のアマゾンに出版社が本の出荷停止に踏み切ったのか――このことが一般マスコミの興味を引いたのであろう。

記者会見では、出荷停止に踏み切った出版社の代表者、株式会社緑風出版代表取締役　高須次郎（一般社団法人日本出版者協議会会長、当時。一九七九年、本の定価販売を保障する再販売価格維持制度の廃止反対のため中小出版社八〇社で結成された出版流通対策協議会が二〇一二年に名称変更）、株式会社晩成書房代表取締役　水野久（同副会長、当時）、株式会社水声社代表取締役　鈴木宏（同再販委員長、当時）の三名が出席し、三社を代表して緑風出版の高須が、次のように述べた。

緑風出版、晩成書房、水声社は、それぞれ二〇一四年五月七日ないし九日より六カ月間、アマゾンに対する自社出版物の出荷を一時停止しました。三社が出荷停止する出版物の点数は約一六〇〇点です。

来週以降、三元社（石田俊二日本出版者協議会取引委員長）と批評社（佐藤英之代表、会員社）が

一カ月間の出荷停止に踏み切るとのことです。出荷停止する予定の出版物は二社で約一一〇〇点になります。

また、日本出版者協議会の会員社約四〇社がAmazon Studentプログラムのポイントサービスからの自社出版物の除外要請を、取次店を通じて改めてAmazon.com Int'l Sales, Inc.に対して求めるとのことです。

ポイントサービスからの自社の出版物の除外がなされれば、直ちに出荷を再開いたします。


記者の走り書きとフラッシュがたかれ、テレビカメラが回るなか、出荷停止の理由が説明された。

理由は、学生向けのAmazon Studentプログラムの一〇%（一時期一五%）のポイントサービスが、定価販売を約した再販契約に違反する値引き販売であり、このサービスからの私どもの社の出版物の除外要請にアマゾンが応じないためです。

ポイントカードによる販売行為は、公正取引委員会が指摘するとおり、値引きであり、一〇%もの高率のポイントサービスは再販契約違反であることは明白です。このような行為が放置されれば、契約を遵守されている書店との公正な競争を阻害し、ひいては、再販制度そのものを崩壊させかねません。

ただポイントサービスが再販契約に違反するかどうかは、公取委によると出版社が判断することになっており、この見解にもとづき出版各社がアマゾンのポイントサービスは再販契約違反と認定し、出荷停止に踏み切りました。

アマゾンのAmazon Studentポイントは、対象を学生に限定していますが、その率は一〇%という高率です。これがすべての読者に拡大すると書店への影響は決定的になります。このような値引き販売が蔓延すると、再販契約を遵守している街の書店はますます経営が厳しくなり、倒産・廃業に追い込まれることは必至です。

紀伊國屋書店の高井昌史社長は、去る四月十日の「海外事業者に公平な課税適用を求める緊急フォーラム」の記者会見で、「Amazon Studentプログラムの一〇%ポイントサービス」について、「こんなことを続けられたら、利益が一%にも満たない街の書店は潰れてしまう」と発言しています。

また、こうしたポイントサービスは対抗上、他の書店のポイントサービスを誘発し、書店間のポイントサービス合戦は、書店を疲弊させるだけでなく、事実上、再販制度を崩壊させてしまいます。

書店に定価販売をしてもらうかわりに、本が書店で売れない場合は、出版社が返品を引き取るという委託販売制度とセットになった再販制度が崩壊すると、結局、出版社が値引き分の負担を強いられ、本のカバープライスが上昇することになり、読者は高いものを買わされることになります。

また、流通寡占のもとでは仕入れ値を叩かれて、出版社は売れにくい学術専門書などの出版企画を立てにくくなり、採算も取れなくなって、ますます倒産・廃業が誘発されます。

このようにアマゾンの高率ポイントサービスは再販制度を内部から崩壊させ、読者や書店、出版社の利益を毀損させることになりかねません。

アマゾンは一般書店、ネット書店のなかでトップの売上高を誇り、その影響は大きなものがあります。アマゾンはトップ企業としての社会的責任として、日本の再販契約のルール、業界ルールを守るよう強く要請します。

再販売価格維持契約書（取次―小売）第三条は、「丙（小売）は、出版業者又は乙（取次）から仕入或いは委託を受けた再販売価格維持出版物を販売するに当たっては、定価を遵守し、割り引きに類する行為をしない」と定め、この規定に小売＝書店が違反したときは、取次は書店に対して「警告し、違約金の請求、期限付きの取引停止の措置をとることができる」（同第五条）ことになっている。

また、再販売価格維持契約書（出版―取次）第三条は「乙（取次）は、乙と取引する小売業者（これに準ずるものを含む。以下同じ）及び取次業者（これに準ずるものを含む。以下同じ）との間において再販売価格維持出版物の定価を維持するために必要な契約を締結したうえで同出版物を販売しなければならない」と定め、この規定に取次が違反したときは、出版社は取次に対して「警告し、違約金の請求、期限付きの取引停止の措置をとることができる」（同第五条）ことになっている。

第2節　アマゾンのポイントサービス

アマゾンは「Amazon Student ポイント」をはじめる以前に、二〇〇七年（平成十九年）二月から「Amazon ポイント」を開始した。購入額一〇〇円が一ポイントという一％のポイントで、一ポイント＝一円で、購入代金から使いたいポイント額を入力すれば支払代金から差し引かれる値引きサービスである。アマゾンの書籍の場合、一％～五％のポイント還元が多い。三冊まとめ買いで八％などもある。Amazon Mastercard を使用して買い物をすると一・五％から二・五％がポイント還元される。同年六月からは利用者向けに有料会員サービス「Amazon プライム」を日本でもはじめた。

通常、Amazon.co.jp は、一回の注文金額が税込一五〇〇円以上であれば、国内配送料は無料。商品に在庫がある場合は、注文から二～五営業日で商品が届けられる。二〇〇六年十月には、三五〇円支払うことで、通常の配送よりも早く商品を届ける「お急ぎ便」を開始。商品の詳細ページに表示される時間までに注文すると、当日の夕方から午後九時頃まで、または翌日中に商品が届けられる。

今回開始した Amazon プライムは、年会費三九〇〇円でお急ぎ便を無制限に使えるようにするもの。さらに、注文金額が一五〇〇円に満たない場合でも、国内配送料（沖縄および一部離島を除く）は無料となることが特徴だ。携帯電話からの利用にも対応する。これにより、指定時間までに注文すれば、最速で関東地方は当日、それ以外の地域は翌日に商品が届くようになる。

Amazonプライムの対象商品は、Amazon.co.jpで扱う一〇〇〇万タイトルのうち、一〇〇万タイトル。Amazonプライムの会員は、商品の詳細ページに「1-Clickで注文」というボタンがページ上部に表示され、このボタンをクリックして注文すると、Amazonプライムの配送サービスが適用される。（「INTERNET Watch」増田覚、二〇〇七年六月八日）

Amazonプライムについて Amazon.comのCFOジェフ・ベソス氏は、「何度利用しても発送料が発生しない『使い放題』のサービス。これまでのように、（配送料を無料とするために）まとめ注文する必要がなくなる」とメリットを強調。「短期的に見ると、配送料を負担することはコスト増につながるが、今後発送センターを増設することで、発送料を下げられる」として、長期的な視点では意味のある投資であるとアピールした（前掲記事）。

二〇〇九年十月からは関西地方でも五〇〇円で「当日お急ぎ便」をはじめる。プライム会員は無料・無制限。一〇年八月には「お届け日時指定便」を開始、プライム会員は無料・無制限で利用できる。

アマゾンはポイントサービス、プライム会員の送料無料・無制限の「お急ぎ便」などで、急速に売り上げを伸ばした。

Amazon Studentは、二〇一二年八月三十日からはじめられた学生（大学生、大学院生、短大生、一部大学校生）を対象にした会員制のサービスで、Amazon プライムの学生版といえる。年会費一九〇〇円でお急ぎ便など無料で使い放題の Amazon プライム特典に加え、書籍（コミック・雑誌を除く）の注文金額（税込）に対し、一〇％の Amazon ポイントを還元するというものである。

こうした読者が喜ぶアマゾンのポイントサービスになぜ反対するのか。一〇％の高率だが、学生限定なのにどうして問題なのか？　大学生協や一般生協もやっているではないか。出版社のアマゾンへの出荷停止について、消費者・読者の立場からこうした疑問を持つ記者も多かった。

その疑問に答える前に、すこし面倒くさい話になるが、本や雑誌、新聞、レコード盤等の定価販売を認める著作物再販制度とその歴史を振り返っておこう。

第Ⅰ章　再販制度廃止をめぐる攻防

第1節　著作物再販制度とは何か

(1) 本や雑誌はどうして定価販売なのか?

本や雑誌は同じものなら東京でも札幌でも沖縄でも同じ定価である。他の商品は、安売りありでいろいろな価格がついているのにどうしてだろう、おかしいと読者が思うのもわかる。

実は本や雑誌などについては、出版社が書店などに対し定価販売をさせること、つまり値引き販売をさせないことが独占禁止法の例外として許されているからである。

そこで、著作物再販制度(再販売価格維持契約制度)について、まずその概略を見ておこう。

独占禁止法(私的独占の禁止及び公正取引の確保に関する法律、以下独禁法)は、消費者が購入する商品の販売価格をそのメーカーが予め問屋や小売店に対し決定、指示すること、つまり価格拘束をして販売させることを、不公正な取引方法として禁じている。この再販売価格維持行為は、事業者間で販売価格などを協定する横の価格カルテルに対し、縦の価格カルテルと呼ばれる。

独禁法第十九条は「事業者は、不公正な取引方法を用いてはならない」として、不公正な取引方法の禁止を謳っている。

同法第二条9項は、「この法律において『不公正な取引方法』とは、次の各号のいずれかに該当する行為をいう」と定め、「不公正な取引方法」を列挙し、その第二条9項第四号で次の行為を禁止している。

四　自己の供給する商品を購入する相手方に、正当な理由がないのに、次の各号のいずれかに掲げる拘束の条件を付けて、当該商品を供給すること。

イ　相手方に対しその販売する当該商品の販売価格を定めてこれを維持させることその他相手方の当該商品の販売価格の自由な決定を拘束すること。

ロ　相手方の販売する当該商品を購入する事業者の当該商品の販売価格を定めて相手方をして当該事業者にこれを維持させることその他相手方をして当該事業者の当該商品の販売価格の自由な決定を拘束させること。

四のイは、文字どおりで、一般的にはメーカーが当該商品を販売する（再販売する）小売業者に対し、その販売価格を定めて、販売価格の自由な決定を拘束する行為（再販売価格の拘束）を意味する。

四のロは、わかりにくいが、ある商品が、メーカーから卸売業→小売業を経由して消費者に販売されることを想定して、卸売業者の販売する（再販売する）メーカーの商品を購入する小売業者に、メーカーがその販売価格を定めて、販売価格の自由な決定を拘束する行為を意味している。

つまり、あるパソコンのメーカーが、これを一〇万円で売れ、値引きはするなと小売店に指示したり、卸売問屋を通じて小売店に一〇万円で売れと指示したりして、販売価格の自由な決定を拘束すること（再販売価格維持行為）を意味している。

こうした行為は、いずれも再販売価格の拘束あるいは再販売価格維持行為といわれ、事業者の販売価格決定の自由を不当に奪うものであり、上述のように独禁法上不公正な取引方法とされ禁止されている。もともと自由経済においては商品の価格は事業者が自主的かつ自由に決定するべきもので、そのことが消費者の利益になるからである。再販売価格維持行為は「縦のカルテル」と呼ばれ、こうした行為を行なった場合は、独禁法違反として罰せられるのである。

(2) 著作物は例外

一方、独禁法はその第六章で、再販売価格維持行為の適用除外の規定を設けている。第二十三条（二〇〇一年〔平成十三年〕四月一日に独禁法一部改正法が施行。旧第二十四条の二が繰り上げられた）「再販売価格維持契約」第一項は次のように定めている。

「この法律の規定は、公正取引委員会の指定する商品であって、その品質が一様であることを容易に識別することができるものを生産し、又は販売する事業者が、当該商品の販売の相手方たる事業者とその商品の再販売価格（その相手方たる事業者又はその相手方たる事業者の販売する当該商品を買い受けて販売する事業者がその商品を販売する価格をいう。以下同じ。）を決定し、これを維持するためにする正当な行為については、これを適用しない」

つまり、再販売価格維持行為は商取引上良くない行為だが、ある特定の商品については、生産者が卸売業者や小売店に対し、生産者の決めた価格で売らせるように指示していいということになっている。つまり原則違法の再販売価格維持行為を例外的に認めているのである。

具体的には、同法第二十三条第二項で次のように定めている。

2　公正取引委員会は、次の各号に該当する場合でなければ、前項の規定による指定をしてはならない。

一　当該商品が一般消費者により日常使用されるものであること。

二　当該商品について自由な競争が行われていること。

そして第三項で、「第一項の規定による指定は、告示によってこれを行う」とし、その例外的なものとして、かつては家庭用石けん、医薬品、化粧品などが指定再販商品として指定されていた。もっぱら生活必需品で、不当廉売、おとり販売の対象にされやすい商標品が指定されていたが、一九九七年（平成九年）に全廃された。

独禁法は再販売価格維持行為が許されるものとして、第二十三条第四項において、著作物について定めている。

「著作物を発行する事業者又はその発行する物を販売する事業者が、その物の販売の相手方たる事業者とその物の再販売価格を決定し、これを維持するためにする正当な行為についても、第一項と同様とする」

このように著作物には例外的に再販売価格維持行為が認められ、小売価格をメーカーが指示することが例外的に許され、定価での販売が認められているのである。

著作物については、法律に明記されていることから、「法定再販商品」と呼ばれている。そして再販売価格には「定価」と表示することが定められている。それで本や雑誌には定価があるわけである。

公正取引委員会は、二〇〇一年（平成十三年）三月に従来どおり著作物の範囲を、書籍、雑誌、新聞、レコード盤、音楽用テープ、音楽用コンパクトディスク（CD）の六品目に限定し、今日に至っている。

（3）著作権法上の著作物と独禁法上の著作物の違い

著作物は著作権法によって定められているが、独禁法上の著作物とは一致しない。

著作権法上の著作物は、「思想又は感情を創作的に表現したものであって、文芸、学術、美術又は音楽の範囲に属するものをいう」（著作権法第二条第一項第一号）と定義されている。具体的には次の種類となっている（同法第十条）。

(1) 言語の著作物
(2) 音楽の著作物
(3) 舞踊、無言劇の著作物

(4) 美術の著作物
(5) 建築の著作物
(6) 地図、図形の著作物
(7) 映画の著作物
(8) 写真の著作物
(9) プログラムの著作物

著作権法上の著作物の範囲はこのように広く、本やレコードなどのように複製物として固定される必要はない。「原稿なしの講演」も著作物となるが、その講演を固定し、つまり録音し、文字化して印刷し、本として出版してはじめて「独禁法上の著作物」となるのである。

複製物として固定された著作物が自動的に「独禁法上の著作物」になるわけではない。絵画は、原作は一つであり、それを複製したものが販売されたからといってすぐ「独禁法上の著作物」になるわけではない。絵画集などに複製され本になると「独禁法上の著作物」となって再販商品として流通することができるのである。

独禁法では頒布を目的とした複製物として固定されている著作物に限定して「独禁法上の著作物」と解釈しているが、複製物として固定された著作物という商品形態に着目しているものの、そうした商品形態すべてについて、「独禁法上の著作物」と解釈しているわけではない。前記六品目についてのみ「独禁法上の著作物」と限定的に解釈して、再販売価格維持行為を許している。

そして、この六品目をメーカーが、①卸売業者を通じて小売業者に再販売して消費者に再販売する、②あるいは直接、小売業者に卸して小売業者が消費者に再販売する際に、メーカーが小売価格、つまり再販売価格を決定してもよいことになっている。

このように、著作権法上の著作物であるからといって、それが直ちに独禁法上の著作物になっているわけではなく、公正取引委員会（公取委）としては独禁法の性格上、例外品目はなるべく減らしたい、あるいは規定そのものをなくしたいという姿勢を堅持している。したがって、その運用は恣意的である。

たとえば音楽用ＣＤは「独禁法上の著作物」になっているが、これは著作物再販制度の発足時には、レコード盤のみだったのが、レコード盤の代替物として音楽用テープができたので音楽用テープも再販商品とされた。技術革新の影響で音楽用ＣＤが普及したため、音楽業界がこれの追加指定を強く求めた結果、二〇〇一年に正式に追加指定された経緯がある。レコード盤と同一の効用と機能を持っていたので、公取委は品目の拡大を望まなかったが、音楽業界の強い運動に譲歩したのである。ちなみに映画など映像用ビデオテープなどは再販商品にそもそもなっていない。

一方、本のＣＤなどパッケージ型電子書籍については、公取委はあらたに「独禁法上の著作物」として認めず、ＣＤ付き書籍、ＤＶＤ付きの書籍などについても複合商品であるとして再販商品と認めていない。今急速に普及しているオンライン型の電子書籍などについても同様である。音楽業界の声が大きく、出版業界の声が小さかった結果であろう。いわゆる電子書籍の普及のなかでドイツやフランスは出版業界の強い要求で電子書籍についても再販商品とする法律を成立させたが、日本では再販商品となっていない。出版社にとって死活的影響を与えるおそれがあり、極めて問題であるが、これらの点については後の章で触れる。

(4) 著作物再販が許されている理由

著作物、なかでも出版物に再販制度が許されている理由として、元公正取引委員会主席審判官の辻吉彦氏は、次の三点を挙げている(辻吉彦著『再販売価格維持制度　何が問題なのか』小学館、一九九〇年)。

1　商慣行追認説　書籍の定価販売制度は、大正時代のはじめに発足しており、消費者にとっても、なじみの深いものになっていて、著作物再販制度が昭和二十八年の独禁法の改正によって導入されたことから、それを追認したものである。また古書店市場もあり消費者に高値感を与えることはなかった(要旨)。

2　弊害希薄説　出版社が多数存在し、しかも中小零細企業が多く、新規参入も活発で、総体として競争的性格の強い市場構造で弊害が少ない(要旨)。

3　文化的配慮説　著作物は一国の文化の普及ないし文化水準の維持を図っていくうえでは、なくてはならない存在である。したがって、その存在を確保するためには、著作物について、まず、発行の自由を名実ともに保障することが必要であり、これと並行して、多種類の著作物が全国的に、広範に普及される体制の維持（取次の機能の円滑化と多数の書店の確保）が必要とされる。このような要請にこたえるためには、再販制度がもっとも適合している。（同書二六頁）

文化的配慮説に近いものとして、辻氏は次の説もあげている。「文化の普及の一環として、文化はそれを欲するものに均等に享受されるべきであり、離島、山間、僻地などを理由に、価格差を設けられるべきではないとの考え方から、同一の著作物に対して、同一の価格を保障する再販制度を是とする説もある」（同書二七頁）。これは本の定価販売が、文化や教育の均等な享受を実質的に保障するユニバーサルサービスの役割を担っていることから、再販制度が許されているとする考え方である。ユニバーサルサービス説といえる。

(5) 出版協が出版物再販制度を擁護する理由

筆者の出版社が所属する日本出版者協議会（出版協、旧・出版流通対策協議会）は、出版物再販制度擁護を第一の目的として結成され、前記の各論拠とともに、出版流通の現状を踏まえ、次のような出版物再販制度擁護の意見を述べてきた。

学問芸術といった人間の知的創造物である著作物を書籍・雑誌などによって伝達する行為は、一国の学問芸術、文化の普及ないし水準の維持に欠かせないもので、多種多様な著作物が全国に広範に普及され、国民に均等に享受されるべきで、離島・山間・僻地などを含め全国どこでも同じ値段でアクセスできることが、社会の公正・公平な発展に役立つ。

その意味で、再販売価格維持制度は、著作物の普及という文化的、公共的、教育的役割を果たすのに適しているとされ、独禁法制定以前からこうした商慣習があったこともあり、著作物については例外的に許されてきた。そして著作物再販制度のもとに、出版社、取次店、書店は再販契約を結び、その遵守を約している。

この再販制度=定価販売によって、本の定価は物価の優等生といわれるほど安定し、返品可能な委託販売制度と相俟って、出版物の安定的な再生産を確保し、出版物の多様性と読者の知へのアクセスを保障、言論・表現の自由という私たちの社会のもっとも基本的な価値を守ってきた。

また出版物は、生鮮食品などの一般商品と違って、同じテーマでもそれぞれ内容が違うなど、非代替性が強い商品で、一人の読者が同じ本を反復購入することが少ない商品である。したがって読者の利益は、出版物が多種多様に生産供給されることで得られる。本に再販行為を許しても弊害が少なく、欧州諸国などでも独禁法制定以前から広く行われてきた所以である。

また著作者の収入となる印税は、本の定価と印刷部数を基準に一定率で支払われているが、再販制度が崩壊して、寡占取次によって買い叩きが行われると、印税も減少する。企画は売れ筋に集まり、硬い本は排除され、こうした出版物を多く出す中小出版社も経営が苦しくなる。

これらの点をもう少し詳しくみておこう。

1　本の定価は安い

本の定価は物価の優等生といわれるほど、上昇率が低いという実績がある。たとえば新刊書籍の平均定価は、五十二年前の一九六五年八二二円が二〇一七年現在二三〇五円で、二・八倍（『出版年鑑』各年版、出版ニュース社）上昇したが、ここ数年はやや下がっている。岩波文庫は一五〇円から六〇〇円で四・〇倍、広辞苑は二〇〇〇円から九七二〇円で四・八倍である。

これに対し、新聞購読料（三大紙朝刊）は五八〇円から四〇三七円へ六・九倍、JRの最低運賃は二〇円から一四〇円へ七倍、タクシー初乗りは一〇〇円から七三〇円と七・三倍、郵便はがきは七円から六二円へ八・五倍、銭湯入浴料金（東京）は二八円から四六〇円と一六・四倍になっている。消費者物価指数は一九六五年と比較して、二〇一七年時点で約四・一倍上昇している。

こうしてみると、書籍の価格上昇は、極めて低い。また再販制度を悪用して本の価格を恣意的に値上げするなど読者＝消費者利益に反する行為はみられないといえる。

本の値引きができるようになると書店相互の値引き競争が始まり、取次店は仕入値を買いたたくようになり、出版社はカバープライス（希望小売価格）をあらかじめ値上げせざるを得なくなり、結局、読者は高いものを買わされ損をすることになる。

2　競争的市場である

長引く出版不況で減少し続けてはいるが、日本の出版社は全国で三三八二社（二〇一七年現在、『出版年鑑』二〇一八年版、出版ニュース社）と多数の出版社が出版活動をしていて、しかも中小零細が多く、新規参入も活発で、総体として競争的性格の強い市場構造を形成しており、寡占的出版社はなく弊害が少ない。縦のカルテルである再販売価格維持行為を許していても、恣意的な価格上昇が見られず、消費者の利益を害していないといえる（前項2弊害希薄説）。

3 著者の安定収入の源泉

本は、文学作品など人間の知的創造物を本という媒体に載せて伝達するわけで、価格は著者の印税や印刷製本などの生産費に一定のマージンを加えて値付けをしている。出版社は著者に、本の定価に対し八％から一〇％の印税率を掛け印税単価を決め、印刷部数（出版不況のなかで、六割といった一定率の印税を保証して支払い、あとは実売部数で支払うケースも増えている）を掛けて印税を支払っている（印税の計算例〔一〇％の場合〕二〇〇〇円×〇・一×三〇〇〇部＝六〇万円）。

本の定価は、小説や論文そのものに値付けをしているわけではない。編集・校正・装丁などの編集費に印刷、紙、製本など制作費を加えた直接原価に、人件費、広告宣伝費、事務所経費、倉庫代などの販売管理費を按分してはじき出されている。有名な著者でも無名な著者でもページ数や印刷部数が同じなら、定価はあまり変わらない。読者に人気の文学作品などをみればわかるように、人気があるほど初版部数も多くなり、定価が安くなる傾向がある。ほかの商品のように需要があるから価格が高くなるわけではない。

定価と発行部数を基準にした印税システムは、いわば著者の安定した収入源であり、著作物の再生産のエネルギー源といえる。再販制度がなくなり、出版社が定価決定権を失い自由価格になれば、著者の印税システムも壊れ、米国のように無名な作家は自費出版しなければならなくなる。

4 表現の自由、出版の自由の保障

出版社が定価を決めることができれば、小部数の発行の本であってもそれなりの採算計算が可能となる。そのかわり日本では本を委託販売して売れない場合は原則返品をとることで、取次店、書店と折り合いをつけてきた。定価販売制度は出版社が最終リスクを負うという制度でもある。

再販制がなくなり出版社が定価決定権を失うと、出版社としては、日販やトーハンなどの寡占取次を前に二〇〇〇円で売ろうと考えて作っても、「こんなもの二〇〇〇円じゃ売れないよ」と半値の一〇〇〇円にされても文句がいえない。出版社は採算割れを起こし、経営危機になる。また流通市場での買いたたきを恐れて、売れそうにない出版企画は採用しにくくなる。より専門性の高い本、学術的な本になればなるほど販売数は少なくなるため、そうしたものが出版される機会が減り、本の多様性が失われることになる。こうしたことによって、結局は学問、芸術、文化の発展と普及にマイナスの影響が出る可能性が高くなる。

(6) 一般消費者=読者の利益を不当に害してはいない

このように再販売価格維持行為は自由経済では卸売業者や小売業者の自由な価格決定権を奪うので、独禁法では違法な行為なのであるが、著作物の六品目については、文化的配慮などから例外的に許されている。ただし、次のような条件が付けられている。

ただし、当該行為が一般の消費者の利益を不当に害することとなる場合及びその商品の販売する事業者がする行為にあってはその商品を生産する事業者の意に反してする場合は、この限りではない。（独禁法第二十三条第一項〔旧第二十四条の二第一項〕）

出版に即していうと、出版社が再販売価格を決定できるからといって、価格を恣意的に値上げするなどして、読者＝一般消費者の利益を不当に害すること、出版社が望まないのに取次店や書店が勝手に定価販売を行なうようなことがあれば、再販売価格維持行為は許されないのである。

本の再販制度をみると、本の価格は前項で触れたように物価の優等生といわれるほど廉価で値上げも少なく、一般消費者の利益を不当に害してはいない。また出版社は取次店や書店の要請で再販売価格維持行為をしているわけではなく、自らの意思で行なっているわけで、独禁法二十三条第一項但し書きに触れるようなことはなく、弊害は認められない。

このように出版業界は、再販制度を考え、むしろ再販制度の廃止こそが読者＝一般消費者の利益に反するとともに、国民の知への公平なアクセス並びに学芸と文化の発展と継承を阻害すると主張してきたのである。

第2節　再販制度廃止をめぐる攻防

(1) 再販制度廃止の動き

著作物の再販制度については、公正取引委員会が廃止を目指したことから、公取委と出版、新聞、レコード業界との間で四十年近く争われてきた。

一九七三年(昭和四十八年)のオイルショック以降、日本経済は狂乱物価といわれる高いインフレに悩まされた。出版界も用紙や印刷などの高騰により本の値上げに追い込まれ、出版社は、自衛のため従来の奥付定価表示を止め、カバーの刷り直しで値上げをした。七四年には、三省堂が店頭在庫の辞書などにシール貼りで二五%の値上げをして、大学生協連などに強く抗議され、社会問題化した。この「三省堂辞書定価シール貼り事件」で、同社はその年の十一月に会社更生法申請に追い込まれてしまった。七五年には、医学書の大幅値上げが大学生協連などに抗議され、公取委が実態調査を行なった。

七八年六月十九日、定価表示問題についての関係七団体協議会(書協、取協、日書連、図書館協会、学生協、主婦連、地婦連)で、書協を除く他の六団体と公取委事務局から、出版物の定価は奥付または本体に表示すべきとの強い意見があった。七月、公取委の樋口嘉重取引課長が、再販売価格維持行為の適用除外には「一般消費者の利益を不当に害することなくという但し書きがある。奥付、本体に定価表示をするのは消費者の立場から見ても当然、というのが私共の考え方だ。この義務を書協がどう再検討するかその出方を見守っているのが現段階だ」「とにかく書協は再販に対する認識が甘い。不勉強といってもいい。（中略）今はまず定価の明確な表示を書協に望む以外にない。その上に立って、まだ再販に対し書協の甘さがあるなら、出版物の再販指定の問題を考えざるをえないだろう」と出版業界紙『新文化』（七月六日号）のインタビューで発言する。

これを受け同月十七日、日本書籍出版協会（書協。日本の主要出版社で組織される出版業界団体。一八年三月現在の会員社四一五社。なお日本雑誌協会は主要雑誌出版社で組織される雑誌業界団体。一七年現在八七社。雑協）は「書籍の定価は奥付または書籍本体に表示することを原則とする」と決定、「定価表示についてのお願い」を会員に通達した（『新文化』七八年七月二十七日号）。

同年十月二日、公取委の橋口收委員長は、共同通信のインタビューで「大手取次業者が中小出版社に対し、支払いや取引条件の面で大手出版社よりも相当不利な差別的扱いをしている疑いが浮かび上がってきた」（『北海道新聞』一九七八年十月二日付）。「大手取次業者が書店に対し再販価格を過度に統制する結果、（中略）消費者の利益の不当な侵害を疑わせる」（前掲紙）として、「寡占図書流通にメス」をいれると発言した。十二日には、橋口收委員長が定例記者会見で再販見直し発言をする。「その理由は、①二大取次による流通寡占、②取次・出版社間の差別取引にみられる優越的地位の濫用、があり、こうしたことから再販制の見直しが必要」「再販制度を全廃する方向で，当面は書籍とレコードの流通実態を調査し、独占禁止法の改正を目指す」（『日本雑誌協会　日本書籍出版協会50年史』『50年史』

編集委員会編、日本雑誌協会　日本書籍出版協会、六七頁）と述べた。

公取委は、再販売価格維持励行委員会（日本書籍出版協会〔書協〕、日本雑誌協会〔雑協〕、日本取次協会〔取協〕、日本書店組合連合会＝現、日本書店商業組合連合会〔日書連〕の出版四団体で構成）の作成した再販契約書が大手取次店から新規取引出版社に配布されたり、「励行委員会」の名称にあるように、東京出版販売（現、トーハン）や日本出版販売（日販）という寡占取次を軸に出版社、書店が談合して再販制度を共同実施し、あるいは書店や出版社に強制し、新規の書店や出版社に対し差別的な取引を強いたり、安易な定価の値上げを繰り返すなど、消費者利益に背く行為を行なっているのではないかという疑念を強く抱いていた。

こうした公取委の再販廃止の動きに驚いた出版業界は、再販廃止反対の動きを活発化させた。七九年一月、中小出版社も再販制度の擁護と橋口委員長の指摘する差別取引の撤廃を掲げて出版流通対策協議会（救仁郷健会長、ぺりかん社社長。八〇社、流対協）を結成した。流対協は再販制度が廃止されると逆に寡占取次の力が強くなり、中小零細出版社は言いなりにならざるを得なくなるため、橋口委員長のいう差別取引がむしろ拡大するとして、再販制度擁護を主張した。三月八日には、日書連が東京の日比谷公会堂で出版物再販廃止反対全国書店総決起集会（三〇〇〇人）を開催した。

同年十月、公取委は再販制度を廃止しないことを決定、出版四団体で構成する出版物公正取引協議会（八一年にできる景品類規制を扱う出版物小売公正取引協議会〔書店と日書連で構成〕とは別）に対し、再販売価格維持励行委員会規約及び再販契約書の修正案文を提示した。骨子は次のとおりであった。

(1)「再販売価格維持励行委員会」の名称から励行を削除し、再販の共同実施的性格を払拭し、再販制度は各出版社の自由意思で実施すること（単独実施、任意再販）。

(2) すべての出版物が自動的に再販商品になることを改め、発売時から非再販で発行することも自由にすること（部分再販）。

(3) 出版社の意思で一定期間後に定価表示を抹消して値引きで販売できること（時限再販）。

(4) 出版物に再販商品である旨の表示、つまり「定価」と表示すること。

(5) 景品付き販売の禁止を改めること。

八〇年三月、公取委と出版物公正取引協議会との間で、前記の内容で再販契約書と再販売価格維持励行委員会規約の改訂で合意が成立、十月から現在運用されている新再販制度がスタートした。流対協は時限再販について反対して独自の再販契約書を作成した。

これまで再販契約で景品付き販売を禁止していた点を改めた新再販契約書が発行されると、小売書店は自らの判断で景品類を景表法（不当景品類及び不当表示防止法）の範囲内で提供できることになった。

再販売価格維持契約委員会は、新契約書を実施するための「出版物の価格表示等に関する自主基準」及び同「実施要領」を作成、一九八四年七月、公正取引委員会が了承した。その主な改定内容は、①再販本には「定価○○円」と表示し、非再販本には「定価」という表示ができないこと、②出版社は、一度定価を定めた出版物について、発行後に自己の判断により取り消すことができる（時限再販の実施方法）、③時限再販本となったことを明らかにするため、定価表示の抹消と本の地のノドよりにⒷ印を朱色で押すこと、④非再販本であることを示す用語としては、「バーゲン・ブック（B・B）」「自由価格本」「特価本」の三種類とすること、などが決められた。非再販本の価格は、希望小売価格のほか頒価、価格、価、¥などで表示されることになった。

新再販制度がスタートし、時限再販や部分再販は出版社の意思でできることになったが、実施した出版社はほとんどなかった。

(2) 消費税導入の混乱と出版界

一九八八年（昭和六十三年）十二月二十四日に消費税法案が国会で可決成立し、翌八九年四月一日から三％課税で実施されることになった。

八九年二月二十二日、消費税の導入にともない公取委は「消費税導入後の再販拘束価格は税込み価格である」を主旨とする「消費税の導入に伴う再販売価格維持制度の運用について」を公表して行政指導を行なった。また「消費税導入に伴う価格表示について」を公表、税額表示を「定価一〇三〇円（本体一〇〇〇円）」、「定価一〇三〇円（本体一〇〇〇円、税三〇円）」と内税表示（消費税額を価格に含め総額として表示。税込み価格表示）を義務づけ、九〇年一月一日までに新定価表示に移行するよう指示した。

こうした内税表示・税込み取引は、書協や雑協、とりわけキオスクでの雑誌販売を円滑に進めたい大手雑誌版元の要望に沿った措置であった。日書連も書店のレジの多くが旧式でレジ転嫁ができないことなどの理由を挙げ、内税表示・税込み取引を要求していた。

三月三日、出版四団体は消費税導入に伴う実務的合意に達する。それによると、①四月一日以降発行する新刊、重版などは書籍、雑誌とも税込み価格とする、②経過措置として書籍の書店在庫品は半年間税額を上乗せして店頭徴収する、③出版社在庫は六カ月間シールを添付して新定価表示とする、ことなどが決まった。取次店は取引計算の基準を内税（税込み）の取引にすることを決定し、取引先に指示した。

しかし、流対協（小汀良久会長）は、消費税は出版社が決めるものではなく、国が決めるもので、将来は値が上がっていくので、出版社が読者に対し責任を持って決定できる再販売価格つまり定価は、消費税を含まない価格であって、そこには消費税は含まれていないとし、「定価一〇〇〇円＋税三〇円」と外税で表記した。また、取引は定価（書協の表示にもとづけば本体取引）を基準に外税転嫁とし、外税表記で税額変更に対応する方針を決め、公取委と交渉に入った。

ところが公取委は、公取委が提示した表示例は出版四団体の要望に添った表示例で、これに従うように強く要求した。流対協が抗議すると、公取委の担当の橋本取引課課長補佐は、消費税込みの定価表示などを記した「公表文は行政処分にあたり強制力がある」と応じ、「流対協の外税表記は認められない」と答えた。やむなく流対協は「定価一〇〇〇円＋税三〇円」から「定価一〇〇〇円＋税三〇円＝税込み価格一〇三〇円」に表示を変更させられた。

(3) 絶版の嵐と奥付定価表示の消滅

また、書店で販売する本はすべて消費税を表記し、店頭徴収するよう行政指導が行なわれた。このため書店は、消費税転嫁にともなう読者とのトラブル、同一商品の旧表示と新表示の混在に伴う混乱などを恐れ、店頭在庫を大量に返品した。出版社はカバーを消費税表示に刷り直したり、定価表示のシール貼りで膨大な経費と労力を強いられることになり、出版流通の現場は混乱を極めた。

さらには採算が合わないとして、小部数の専門書を中心に絶版が急増、この年一九八九年(平成元年)の「東京新聞」十二月十九日付は「出版界に絶版の嵐」との見出しでこの問題を大きく取り上げ、約二万タイトルが絶版になったと報じた。また新価格表示のためのカバーの刷り直しやシール貼りなどで百数十億以上の金がかかったといわれ、書協の試算では、一冊平均五〇円として全出版社の在庫七億冊分で合計三五〇億円の費用が掛かったとした。また将来の税率変更をおそれて、奥付定価表示が事実上なくなってしまった。

八九年四月、消費税法が施行(三%)されると、岩波書店をはじめ大手出版社から中堅の出版社まで、一斉に便乗値上げが行なわれた。例えば岩波新書は、旧定価五三〇円の本は税込み五四五円になるが、端数を付けないためとして五五〇円に値上げした。

八九年七月、流対協加盟の三五社は、公取委の「消費税の導入に伴う再販売価格維持制度の運用について」が、カバーの刷り直しなど出版社に多大の損害を与え、絶版や便乗値上げなどをもたらしたことは消費者利益に反するとして、行政処分の取り消しと損害の賠償を求めて東京地裁に提訴した。

これがいわゆる消費税定価訴訟である。

取引基準も九〇年一月から税込み取引を強いられた。流対協は反対し、会員社は本体取引の計算書で取次請求をしていたが、大手取次店の要請と取次請求の計算用ソフトで税込み取引のものが普及して、本体取引請求をそのまま続けた社は、筆者が代表を務める緑風出版ほかわずか数社となってしまった。

奥付定価を止めて安易な定価値上げをするようなら再販制度を廃止するとの橋口公正取引委員会委員長の発言に端を発して、現行の新再販制度がスタートしたにもかかわらず、奥付定価表示が、皮肉にも公取委の消費税税額表示の行政処分で事実上、なくなってしまった。

第3節　日米構造問題協議と再販制度廃止の危機

(1) 日米構造問題協議と再販商品の見直し

一九八八年（昭和六十三年）、対日貿易赤字に悩んでいた米国は、通商法三〇一条（貿易相手国の不公正な取引慣行に対して当該国と協議することを義務づけ、問題が解決しない場合の制裁について定めた条項）を強化する「包括通商・競争力強化法」（Omnibus Foreign Trade and Competitiveness Act）を施行した。これは、不公正な貿易慣行や輸入障壁がある、もしくはあると疑われる国を特定して「優先交渉国」とし、米国通商代表部（ＵＳＴＲ）に交渉させて改善を要求し、三年以内に改善されない場合は報復として関税引き上げを実施するという内容であり、非常に強い力を持った条項である。いわゆるスーパー三〇一条である。

八九年（平成元年）七月のわずか六分の日米首脳会談で、ジョージ・ブッシュ（父）米国大統領は宇野宗佑首相に日米貿易摩擦の解消を目的とする協議を提案、米国の小売店の進出をしやすくする大規模小売店舗法の改正などを要求した。九月から日米構造問題協議（ＳＩＩ）がはじまった。年間五〇〇億ドルにのぼる日米貿易不均衡の是正が目的である。米国側から日本の市場の閉鎖性いわゆる非関税障壁が米国の貿易赤字の主因である、としてその撤廃など、さまざまな規制緩和要求が日本に対し強硬に行なわれた。出版界に影響する問題では、大規模小売店舗法の規制緩和が要求され、商慣行の改善策として再販売制度などがやり玉に挙がった。

結局、九〇年六月二十八日の日米構造問題協議最終報告では、日本側は大店法について「新たな消費者ニーズにこたえ、流通業の活性化を進めるとともに、新店舗の開店のための円滑な手続を確保する観点から、規制緩和を推進する」こと、また商慣行の改善として再販価格の拘束などを取り上げ、独占禁止法の運用に関するガイドラインを作成することを約束させられた。

(2) 日米構造問題協議最終報告の内容

一九九〇年（平成二年）六月二十八日に米国と合意した日米構造問題協議最終報告で日本側が執る措置のうち、出版に関係するものは次のとおりであった。

3．規制緩和

（1）大店法

大店法については、流通業が今後ダイナミックな変革を求められている現在、新たな消費者ニーズにこたえ、流通業の活性化を進めるとともに、新店舗の開店のための円滑な手続を確保する観点から、規制緩和を推進する。また、国による規制緩和と併せて地方公共団体による規制緩和も図る。

かかる観点から、政府として以下の規制緩和のための措置を展開する。

（イ）規制緩和に向け直ちに実施する措置（運用適正化措置等）

［1］大規模小売店舗の出店調整手続を円滑化するとともに、新店舗の開店及び既存店舗の拡張を容易にするため，本年四月二十七日に産業構造審議会・中小企業政策審議会合同会議に諮った上で、現行大店法の枠組みの中で法律上実施可能な最大限の措置である下記の運用適正化措置を本年五月三十日から実施した。

（i）出店調整処理期間の短縮

出店調整処理期間を一年半以内とする。所轄通商産業局に出店計画についての通達に定める所要事項の説明がなされた日をもって出店表明日とする。届出は全て受理される。

（iv）閉店時刻、休業日数に関する規制対象範囲の緩和

規制対象となる閉店時刻を午後六時以降から七時以降へ、規制対象となる休業日数を月四日

未満から年間四十四日未満へそれぞれ緩和する。
（ロ）次期通常国会における提出を目指した法律改正
次期通常国会における大店法改正法案提出を目指し、法案改正作業に直ちに着手するものとし、このため必要な手続として、関係審議会に諮問する。
4．商慣行の改善
（1）六月二十一日、学者及び実務家からなる「流通・取引慣行等と競争政策に関する検討委員会」（座長・館龍一郎東京大学名誉教授。公取委の検討委員会＝引用者注）の提言を得た。主な提言事項は次のとおりである。
［1］公正取引委員会は、消費財の流通分野におけるメーカー等による流通業者に対する及び流通業者によるメーカー等に対するマーケティング政策に関し、対象となる事業者の行為の競争政策上のメリット・デメリットを十分踏まえた上で、独占禁止法の運用に関するガイドラインを作成する必要がある。
ガイドラインの作成に当たっては、次のような点から検討すべきである。
a　取引先事業者の事業活動に対する過度の関与を改善し、事業者の一層活発で自主的な活動を促進すること。
b　特に、事業者間の価格競争を促進すること。
c　新規参入を行う内外の事業者が自由な参入や活発な事業活動を行えるよう市場の開放性を

高めていくこと。
ガイドラインに盛り込むべき行為類型等としては、次の事項が考えられる。
a　再販売価格の拘束
b　再販売価格の拘束となるメーカー希望小売価格、希望卸売価格
c　不公正な取引方法となる非価格制限行為（競争品・輸入品の取り扱い制限、販売地域の制限、取引先の制限、販売方法の制限）、流通業者の経営に対する関与、リベートの供与、返品、派遣店員、大規模小売業者の仕入体制のシステム化、押付販売、協賛金の負担要請

この日米構造問題協議最終合意により、日本は米国からさまざまな約束をさせられた。出版業界に特に関係するものとしては、引用した大規模小売店舗法の改正による大型出店規制の緩和と再販制度の見直しである。「失われた二十年」のはじまりであった。再販制度が廃止されるのではないかと危惧した出版・新聞・レコードなど関係業界は、声明や反対集会を開いて廃止反対運動に取り組んだ。

（3）大規模店舗法の改正

日書連は一九九〇年（平成二年）四月二十日、大規模店の出店をしやすくする大規模小売店舗法改正の反対を決議する。日書連はそれまで、書店の大型出店は街の中小書店の死活問題だとして、中小小売業者を保護する小売商業調整特別措置法（一九五九年施行）、大規模小売店舗法（一九七三年施行）

などを武器に反対し、大型出店を抑制してきた。七八年には、鹿島建設が東京駅八重洲口に地上八階地下二階、一五〇二坪の八重洲ブックセンターを建設したが、日書連は反対運動を展開、超党派国会議員の斡旋により売場を縮小させ、七五〇坪で開業した。それでも日本一の売場面積であった。

翌九一年に成立した改正大店法では、これまで商工会議所（商工会）に置かれて大型店の出店を調整していた商業活動調整協議会（商調協）が廃止されることとなった。九二年一月、訪日中のブッシュ（父）米国大統領は、奈良県橿原市の「トイザらス」の日本開業二号店の開業式典に出席し祝辞を述べ、日米構造問題協議の「勝利」を内外に誇示した。

これ以降、大店法の運用は大幅に緩和され、各地で大規模なショッピングセンターの進出が進むこととなる。出版業界でもこれ以降大型書店の出店ラッシュがはじまる。

またモータリゼーションの進展にともないロードサイドに大規模小売店舗が林立し、書店もロードサイドに中大型書店を展開し、地方都市の空洞化、中心市街のシャッター街化がはじまった。

第4節　鶴田研究会と再販商品の見直し

(1)　鶴田研究会報告

日米貿易摩擦を受け一九八八年（昭和六十三）七月、政府規制制度の見直し及び関連分野における競争確保・促進政策の検討を行うため、公正取引委員会は「政府規制等と競争政策に関する研究会」（座長・鶴田俊正専修大学教授、鶴田研究会または規制研）を事務局内に設ける。日米構造問題協議が行なわれていた九〇年（平成二年）一月には、研究会内に独占禁止法適用除外制度全般についての見直しの検討を行なう「独占禁止法適用除外制度小委員会」（座長・金子晃慶應大学教授）が発足する。「金子小委員長は、公正取引協会発行の『公正取引』（五〇〇号、一九九二年六月）で『出来るだけ早い機会に、制度そのものについて検討を行ない、著作物を含め制度の廃止を実現することを望みたい』『著作物について、適用除外される理由は必ずしも明確ではない』と明言している学者である。その説が公正取引委員会に買われて小委員長を委嘱されたようであり、初めから公正取引委員会の意を体していたともいえる」（『日書連五十五年史』日書連五十五年史刊行委員会編、二〇〇一年、二〇五頁）

日本政府が九〇年六月二十八日の日米構造問題協議最終合意で米国の要求を呑んだのを受け、九一年七月二十九日、鶴田研究会は報告書「独占禁止法適用除外制度の見直し」を発表した。

著作物の範囲と適用除外の考え方については次のように述べた、

1　再販が認められる著作物の範囲については、独禁法の目的及び再販適用除外とした趣旨に照らし限定的に解されるべきで、必ずしも著作権法上の「著作物」と同一に解する必要はない。

2　一般消費者の利益を不当に害する場合には適用除外とはならない。

そのうえで、①指定再販商品である化粧品及び一般用医薬品については「指定の取り消しを含め抜本的な見直しを行うべきである」、②レコード盤、音楽用テープおよび音楽用ＣＤについては「当研究会が指摘した問題についてさらに検討を進め、再販が認められる著作物として取り扱うかどうかについて明確にすべきである」と結論した。

「書籍・雑誌については、①多数の出版社により多数の書籍が・雑誌が出版され、その価格も多様であること、②同一商品の購入の反復性及び商品間の代替性が少ないこと及び③注文購入が一般的でないことから、店頭に陳列されることが販売のための重要な要素となっている。このため、再販を認めることによって、書籍小売業者が取り扱い品目を売りやすいものに集中することなく、多数の出版社の書籍・雑誌について店頭陳列が確保されれば、出版社は経済的にかなり危険が多いが文化的には極めて価値の高い書籍を敢えて出版できるので、消費者により多くの選択の機会が提供できるようになると考えられる」

このように本の再販制度を評価したうえで、今後の対応について①広く安く書籍・雑誌を消費者に提供しているかどうか、②新しい流通形態の出現・発展を妨げていないか、など「再販が認められている書籍・雑誌及び新聞については、今後とも実態把握に努めるとともに、事業者の行為が消費者の利益を損なうことのないよう監視を続ける必要がある」。また出版社の自主的判断による部分再販、時限再販の実施に圧力をかける行為には、公取委は「厳正に対処すべきである」と述べた。

鶴田研究会報告は、①指定再販商品は全廃、②レコード盤（音楽用テープを含む）は法定再販廃止の方向で検討、③書籍・雑誌・新聞は法定再販を認めたうえで業界を監視する、との方向を打ち出したのである。

(2) 指定再販商品は全廃へ

指定再販商品は、独禁法二十三条第二項で、「一般消費者により日常的に使用されるものであること」「当該商品について自由な競争が行われていること」を条件に公取委が告示で指定した商品で、おとり販売などからブランドを守ることを理由に指定された。一九五三年(昭和二十八年)から五九年までに、化粧品、染毛料、歯磨き、家庭用石けん、一般用医薬品、既製エリ付きワイシャツなど九商品が指定されていたが、消費者団体などから日用品の再販は不必要、割高であるとの批判、反対などで徐々に廃止されていた。

日米構造問題協議最終合意にもとづき、残っていた一般用医薬品と化粧品の二商品の全廃が打ち出された。公聴会などを経て九二年(平成四年)四月に公取委は「指定商品の見直しについて」を公表、九八年までに段階的に廃止することとし、従来指定されていた品目のおおむね半数に当たる化粧品三品目、一般用医薬品一二品目が廃止された。シャンプー、リンス、香水、抗ヒスタミン剤、混合ビタミン剤などである(『出版再販――書籍・雑誌・新聞の将来は?』伊従寛著、講談社、一九九六年)。

米国の要求によるものだったが、一般用医薬品と化粧品のメーカーは、比較的寡占の程度が高く、価格の高いものがあり、主要諸外国でも指定再販制度が存在しないことなどが表向きの廃止理由に挙げられた。

（3）レコード盤と音楽用ＣＤ

鶴田研究会報告が問題にしたレコード盤・音楽用テープ・音楽用ＣＤについては、再販制が発足した当初はレコード盤しかなかったが、その後音楽の伝達方式に技術革新が起き一九六七年（昭和四十二年）ころから音楽用テープが、八二年頃から音楽用ＣＤが販売され普及した。レコード業界としては、同じ伝達媒体について再販商品として認めてもらうことが営業上不可欠であった。さまざま要望を行ない「音楽用テープについてはレコード盤と機能・効用が同じであることからこれに準じた取扱いをしてきた」（鶴田研究会報告）経緯がある。

「昭和二十八年の立法当時レコード盤と類似の商品は見られなかったが、最近では技術革新に伴い音楽用ＣＤが出現し、その伸びが特にめざましい。（中略）平成二年における音楽用ＣＤのメーカー出荷金額は、同年の国内のレコード盤、音楽用テープ及び音楽用ＣＤのメーカー出荷金額の合計の約八四％（音楽用テープは約一六％、レコード盤は一％未満）を占めている。公正取引委員会は、前述のとおり、市場が流動的である等の理由により、音楽用ＣＤについて再販が認められる著作物に含まれるか否かを明確にしてこなかった経緯がある」（鶴田研究会「独占禁止法適用除外制度の見直し」）

そのうえでレコード業界について、次のような基本的問題があると指摘した。

ア　音楽用ＣＤについては、書籍等のように零細出版社が多数存在するという状況にはなく、メーカー数が比較的少なく（社団法人日本レコード協会会員は二七社）、上位三社の累積集中度は約四〇％であって、寡占化の程度が比較的高い品目に属しており、自由な競争が損なわれているのではないか。

イ　出版物は多種・多様な価格設定がなされているのに対し、レコード盤・音楽用テープ・音楽用ＣＤについてメーカーが決める小売価格等は比較的狭い範囲内で、同調的に設定される傾向にあること、音楽用ＣＤメーカーは、輸入盤の急増に対して、昭和六十三年以降、輸入盤と競争関係にある洋楽のＣＤについてメーカーの希望小売価格を引き下げてきたが、その間邦楽のＣＤについては価格硬直的になっていること、音楽用ＣＤについては、家電量販店等において値引き販売が増加する傾向にあること等から、これら商品について再販適用除外を認めることは消費者の利益を害することとならないか。

ウ　音楽用テープ及び音楽用ＣＤについては、その商品特性により購入の反復性及び商品間の代替性が少ないことから、そもそもおとり販売の対象となることは少ないのではないか。（後略）

エ　現在、主要国において、出版物について再販を認めている例はあるが、レコード盤、音楽用テープ及び音楽用ＣＤについて再販を認めている国はなく、我が国だけ認める理由はないと考えられる。（前掲鶴田研究会報告）

およそこのような問題点が列挙され、「再販が認められる著作物として取り扱うかどうかについて明確にすべきである」と、見直しの方向が示された。

鶴田研究会報告に驚いたレコード業界は反対運動を強めた。音楽用ＣＤが圧倒的シェアであるレコード業界としては死活問題であった。関係省庁にも働きかけた。「規制研の指摘に対して、文化庁は、同年（一九九一年＝引用者）七月に『レコード会社は増加傾向にある』『価格の同調傾向はむしろ緩和傾向にある』『消費者利益侵害が増加しているとは言えない』といった内容の意見書を提出しました。同意見書では、公取委の解釈変更でレコードを再販制度対象外とすることが、法律の授権範囲を超えるおそれがあることや、再販制度の文化的意義の議論が不充分であることなども指摘されました。同年十一月には、通産省からも公取委あてに、同様の趣旨の意見書が出されました」（『日本レコード協会六〇周年記念誌　激動と挑戦の一〇年』日本レコード協会、二〇〇二年）。

（4）音楽用ＣＤなど著作物の範囲の明確化のための独禁法改正へ

公聴会等における意見のほか、所管省庁の意見も聴いたうえで、九二年（平成四年）四月十五日、公正取引委員会は、「レコード盤、音楽用テープ及び音楽用ＣＤの適用除外の取扱いに関する見解」を公表し、概略次のように述べた。

1　独禁法上の著作物は書籍、雑誌、新聞、レコード盤及び音楽用テープであると解釈。

2　音楽用ＣＤは「昭和五十七年ごろから販売が開始された商品であり、これをレコード盤と同一視することができるかどうかについては議論がある」。

3　「著作物の扱いを明確にするためには、法的安定性の観点から立法措置によることが妥当である」。「このため、当委員会は、再販適用除外が認められる著作物の範囲について幅広い角度から総合的に検討することとしており、その一環として、流通実態調査を実施している」

4　「再販適用除外が認められる著作物の範囲について法解釈上種々の見解があることやレコード盤と音楽用CDとの関係について種々の認識があることのほか、今後、新しい情報媒体を含む新商品（近年ではコンピュータ・プログラムやデータベース等の複製物、DVDなど＝引用者）が現われるたびに再販適用除外が認められる著作物の範囲が問題となるおそれがあること等から、（中略）独占禁止法上再販適用除外が認められる著作物の取扱いを明確にするためには、法的安定性の観点から、立法措置によって対応するのが妥当であるとの結論に達した。このため当委員会としては（中略）著作物の範囲について、幅広い角度から総合的な検討に着手する」

5　「音楽用CDについては、立法措置によってその取扱いが明確にされるまでの間、当面、レコード盤に準じ取り扱われる」。

この時点での公取委の政策について伊従寛（元公正取引委員会事務局長）は、「この公表文の表題と内容でみるかぎり、その後の検討内容は、『著作物』に、レコード盤と音楽用CDおよび今後あらわれる情報媒体をふくむ新商品がふくまれるか否かであり、著作物の範囲を立法措置によって明確化し限定することであって、著作物の再販適用除外を全面的に見直すことや一九九一年七月に容認した書籍・雑誌・新聞の適用除外を見直すことはふくまれていない」（前掲書六八頁）と結論している。音楽用ＣＤなどの新情報媒体を著作物に含めていくかどうかという前向きの検討といえた。

第５節　著作物再販制度の見直し

（1）進まなかった部分再販・時限再販

新再販制度がスタートしても部分再販・時限再販は広がらなかった。

一九九三年（平成五年）三月、公正取引委員会は出版社、取次会社、小売書店を対象に、「書籍・雑誌の流通実態調査」を行なった。これによると、部分再販をしたことのある出版社は、アンケート回収出版社四二五社中「四社のみであり、全体の一％未満と極めて少ない」。時限再販は「九社であり全体の二％と極めて少ない」という状況であった。「部分再販制度や時限再販制度を導入したにもかかわらず、改善効果は極めて限られている」状態であった。

こうしたなかで議論を呼んだのは、九四年十月五日から十日にかけてリブロ池袋店でバーゲンブックフェアが開催されたことである。買切りで定価の二二％、委託で二五％という卸値で出品した時限再販である。書協の有志出版社が参加するだけでなく、流対協の小汀会長が独断で参加を表明したため、流対協幹事会内で意見が分かれた。流対協は八〇年の新再販制の発足の際、時限再販に反対し、幹事や会員には部分再販・時限再販に反対する意見が強かった。

(2) 金子小委員会と米国の再三の廃止要求

一九九四年(平成六年)七月五日、政府は「今後における規制緩和の推進について」を閣議決定、①平成十年末(一九九八年末)までに指定再販商品の取り消しを施行し、②著作物の範囲の限定・明確化を図ることを指示した。

同年九月、「政府規制等と競争政策に関する研究会(第二次)」(鶴田研究会)は公取委から再販適用除外が認められる著作物の取り扱いについて検討するよう依頼を受け、鶴田研究会の中に、著作物の範囲の限定・明確化の問題を専門的に検討するため「再販問題検討小委員会」(座長・金子晃慶大法学部教授、いわゆる金子小委員会)を設置、①著作物の範囲の明確化、②個別品目ごとの評価を目的に、関係業界のヒアリングをはじめる。

十二月、政府は規制緩和について検討するための行政改革委員会を設置する。

翌九五年三月三十一日、政府は、「規制緩和推進計画について」を閣議決定、「再販売価格維持制度について、指定商品の範囲の縮小後の状況等の調査を行い、平成一〇年中に、すべての指定商品について、指定取消しのための所用の手続を実施し、同年末までに施行を図る。また、再販適用除外が認められている著作物について、同年末までにその範囲の限定・明確化を図る」と決定した。

この閣議決定は、急激な円高に対応するため、規制緩和五カ年計画を三カ年計画に前倒しするもので、一九九八年（平成十年）末までに著作物の範囲の限定・明確化を図ることになったのである。

四月十九日には行政改革委員会の中に規制緩和小委員会（座長・宮内義彦オリックス会長）が発足する。鶴田研究会とは別組織である。米国の規制緩和要求を受け、規制緩和小委員会が再販制度の命運を左右することになっていくのである。

七月二十五日、公取委の「政府規制等と競争政策に関する研究会再販問題検討小委員会」（金子小委員会）は中間報告「再販適用除外が認められる著作物の取扱いについて」を公表した。

中間報告は、再販制度の見直しを求める内容で、①寡占的市場構造のもとでの協調的企業行動、②消費者ニーズへの対応が不十分、③流通システムの固定化、④サービス水準の低下、⑤価格設定の硬直化、⑥非効率な取引慣行などが具体的弊害として指摘され、「再販制度が店頭陳列の充実、戸別配達の維持など、消費者が商品を購入する機会の確保などを通じてわが国の文化の普及などの効果をもたらすかどうかについて疑問がある」ため「更に個別品目ごとの検討を進める必要がある」との内容で、再販制廃止を示唆するものであった。

しかし先に引用したとおり一九九五年三月に閣議決定され再改定された規制緩和推進三カ年計画においては、「平成十年（一九九八年＝引用者）中に、すべての指定商品について、指定取消しのための所要の手続きを実施し、同年末までに施行を図る。また、再販適用除外が認められている著作物について、同年末までにその範囲の限定・明確化を図る」ことが決まっていた。金子小委員会に本来求められていたのは法定再販の範囲の明確化、具体的には音楽用ＣＤなどの取り扱いであったのである。

ところが金子小委員会は制度の是非の明確化へと結論をすり替えてしまったのである。

これを受け七月二十七日には、行政改革委員会規制緩和小委員会は、「規制緩和に関する論点公開」を公表、その中で金子小委員会の中間報告にもとづく著作物再販制度の見直しに関する論点を公開した。論点公開は、約四〇点の論点について規制維持と規制緩和の意見が併記され、規制維持には出版社など関係団体からの意見聴取にもとづく意見、規制緩和の意見は、金子小委員会の見解と同様のものが列記されていた。しかし規制緩和小委員会の立場は、「規制緩和によって、我が国の構造改革を推進し（中略）社会的規制については本来の政策目的に沿った必要最小限のものとする」というもので、「再販制度の原則廃止を提言」（前掲『日本レコード協会六〇周年記念誌』）するものであった。論点公開は、九六年、九七年にも行なわれ、意見が戦わされた。

関係業界は猛反発した。新聞、出版、レコード業界は廃止反対運動を組織していった。

八月二十五日、書協・雑協は再販特別委員会を設置、中間報告に反論する見解を公取委などに提出した。日書連も大津市での移動理事会で中間報告に反論する「大津宣言」を決議した。

九月十二日には、出版四団体（書協、雑協、取協、日書連）が自民党、社民党など各党責任者と懇談、再販制度廃止反対を訴えた。

十一月二十七日には全電通会館で全国書店総決起大会が開かれた。

十一月、日本ペンクラブが「書籍等の再販廃止に関する声明」で再販制の擁護を訴える。

十二月十三日には書協・雑協が「出版物再販制度の必要性――『中間報告』への反論」を公取委に

提出した。これは中間報告への包括的な反論と出版物再販制度の必要性を訴える力作であった。

「再販適用除外が認められる著作物の範囲の明確化」から「著作物再販制度の見直し」へという政府の方針転換には、日米構造協議以来の米国の再三にわたる規制緩和要求があった。

米国は日米構造問題協議に続き十一月二十二日、「米国政府の日本における規制緩和、行政改革及び競争政策に関する日本政府に対する要望書」（外務省邦文作成、一九九五年）を提出した。その中で再販制度について「再販売価格維持に関する適用除外のすべてについて、九八年度末（平成十年度末）までに廃止する観点から見直しを行う」ことを改めて要求した。日本政府の動きは、この要求に沿ったものであった。

（3）規制緩和小委員会が再販制度の見直しの結論

「行政改革委員会規制緩和小委員会」は、一九九五年（平成七年）十二月七日「規制緩和推進計画の見直し報告書」を発表、再販制度については、要旨次のように結論した。

(2) 再販売価格維持制度指定品目（化粧品、医薬品）の早期廃止（略）

(3) 著作物の再販売価格維持制度の見直し

再販売価格維持行為は、経済ルールの根幹である独禁法上、原則違法である。したがって、この原則に対する例外を認めるためには、相当の特別な理由が必要である。

著作物については、この原則に対する例外として現行法上、再販売価格の維持が認められている。当小委員会としては、この例外措置の妥当性について、引き続き検討課題として、議論を深めていくこととする。

なお、公正取引委員会においても、本件に係る検討をさらに進めることを求める。この際、広く国民の間で十分な議論がなされることを期待する。

これに驚いた出版、新聞などの業界、文化人などが著作物再販制度廃止の動きに対する反対運動をいっそう活発化させる。

翌一九九六年二月十三日、書協は、公取委と行革委規制緩和小委員会に対し再販問題検討に関する公正な措置を求める。

七月二十五日、規制緩和小委員会が第四次の「論点公開」を発表。

七月三十日、書協などが「『論点公開』に対する意見——出版物再販制度の果たす役割」を行政改革委員会に提出。

十月三十一日、流対協は、「行政改革委員会規制緩和小委員会、規制緩和に関する『論点公開』の『規制緩和意見』に反論する」を公表、各論点について全面的に反論した。「指摘された問題点が、再販制度を廃止すれば直ちに自動的にすべて解決されるかのような印象を与える形で提起されていることについては、あまりにも大ざっぱな姿勢だと言わざるを得ない。少なくとも、現行の制度を大きく変更しようとするならば、それが及ぼす影響についての科学的な論究と、説得力のある論証がなされなければならない。詳細な検討のないままに、思いつき的に問題点を羅列するだけという姿勢は、余りにも無責任すぎる」と批判した。

十一月十五日、三度、米国政府は「日本における規制緩和、行政改革及び競争政策に関する日本政府に対する米国政府の要望書」を出す。その中で「独占禁止法及び景品表示法に基づくすべての適用除外について、必ずしも必要でない適用除外その他類似する措置は廃止するとの観点から、一九九七年度末までに見直す。特に、独占禁止法二十四条の二に規定される再販売価格維持に関するすべての適用除外及び景品表示法第十条第五項の廃止に注意が払われるべきである」と要求した。

日米協議のなかで、日本の各産業に関する法律の条文改廃が米国側から具体的に指摘、要求されることはよくあり、ここでも同じことが行われた。内政干渉ともいえる露骨さである。「廃止する観点から見直し」を一年早め、具体的な条文がやり玉に挙がった。独禁法二十四条の二とは、現在の二十三条のことで著作物再販を含む再販売価格維持の適用除外を定めた条文である。

十一月二十一日、規制緩和小委員会は報告書案をまとめた。

入手した同案には「各方面から表明された多様な意見、関係方面からのヒアリング、公開ディスカッションから当委員会が得た結論は、(再販制を)例外措置として存続させる特別な論拠は見当たらない」「現行の著作物の再販制度の独占禁止法上の適用除外については、平成九年度

（一九九七年度）末までに廃止すべきである」という内容であり、出版界側の反論・意見は全く斟酌してないものであった。（前掲『日書連五十五年史』二二一頁）

出版界は報告書案からこれらの文言を削除する要望書を提出、十二月二日、出版四団体の代表が、小杉文相、吉田文化庁長官を訪問、再販制度の維持について協力方を強く申し入れた。小杉文相は「十分な議論なしに性急に廃止を結論づけるのは適切でない」との見解を明らかにした。

十二月五日、規制緩和小委員会は、「原則廃止」の文言を削除し、一三分野五一項目にわたる規制緩和についての報告書を行政改革委員会に提出、再販制度については、「それぞれの商品特性（例えば『文化性』、『公共性』）について、真に消費者利益の立場から、『相当な特別な理由』に該当するかどうか十分に吟味し、それぞれの再販制度毎に、さらに広く国民の議論を深めつつ、結論に向けた検討を進めていく」との結論先延ばしの提言を行なった。「廃止すべき」が削除されたのは、出版・新聞など関係業界の反対が強かったためである。

（4）行政改革委員会の最終結論の年

一九九七年（平成九年）は行政改革委員会の「最終結論」がでる年であった。再販制度をめぐる攻防は一段と激しくなった。

四月、政府は米国の要求どおり医薬品や化粧品の指定再販商品を全廃した。残るは著作物再販のみとなった。

七月十一日、井上ひさし（作家）、内橋克人（経済評論家）、江藤淳（文芸評論家・日本文芸家協会理事長）ら一七人が呼びかけ人となって、芸術・文化・出版・新聞・音楽関係七一団体から成る「著作物の再販制度維持懇談会」が協賛した「新聞・出版・音楽が危ない！――言論・文化・芸術と再販制度を考える市民のつどい」が、東京の九段会館で開催され、一〇〇〇人が集まった。

十月二日、流対協内の弾力運用を進めようとする小汀会長グループが①「再販制を現状のままで維持することは不可能と認識すべきである」、②時限・部分再販を認める「歴史的転換」が必要、等と主張して臨時総会を開こうとしたが、反対が大多数で会員集会となった。

米国政府は、十一月七日公表の要望書で、「一九九八年四月までに、独占禁止法上の適用除外、とりわけ第二十四条の二（再販売価格維持）を見直すとともに、景品表示法の適用除外も見直す」よう、またも要求した。

米国政府は「日本政府は、独占禁止法の製品の適用除外をすべて廃止したが、著作物（書籍、雑誌、新聞、ＣＤ）のみが顕著な例外となっている。独占禁止法の下で、小売価格の維持が他の慣行と異なる扱いをされるべき理由は全くない」（米国通商代表部作成に係る「外国貿易障壁年次報告一九九八年度版」）と主張していた。

米国の再三の要求について、政府は「アメリカ合衆国は、公式文書の中で著作物再販制度について言及しているが、我が国としては、平成四年四月以降、公正取引委員会において、著作物再販制度の在り方について検討を続けているところ、これは右アメリカ合衆国政府の要望を受けて開始したものではなく、我が国独自の判断で開始したものである。また、右アメリカ合衆国政府の要望については、他の内外の意見と同様、著作物再販制度の在り方についての検討の際の参考意見として取り扱っているところである」（大脇雅子参議院議員の質問主意書に対する小渕恵三首相の一九九八年十月二十七日付答弁書）と答えている。

政府は要請が再三あったことは認めたが、「参考意見として取り扱って」いて、要望について受け入れる約束をしたとは言っていないと主張する。しかし、約束したであろうことは、日本の対米従属外交を持ち出すまでもなく、その後の素早い動きを見れば明らかである。このことは流対協が社民党の大脇雅子参議院議員を通じて行なった質問主意書に対する小渕恵三首相の九八年十月二十七日付答弁書で初めて明らかになったことで、当時は全くわからなかった。

十一月十七日、出版、新聞、音楽・レコードほか各種文化団体等で結成する「著作物の再販制度維持懇談会」主催による「著作物の再販制廃止に反対する総決起大会」が日比谷公会堂で開催された。集会には与謝野馨自民党広報本部長、土井たか子社民党党首、不破哲三共産党委員長、中野寛成新進党国対委員長、羽田孜太陽党党首、鳩山邦夫民主党副代表、堂本暁子新党さきがけ議員会座長が著作物再販制度の廃止反対を次々に表明した。与野党ともに廃止反対の方向がはっきりした。大会は「創意で造る新たな日本――著作物再販制を守ろう！」の決議を採択した。

十一月二十七日、衆議院消費者問題特別委員会で、再販問題の集中審議が行われ、渡邉隆男書協理事長、田中健五雑協理事長が参考人質疑に出席、再販制度の必要性について意見陳述した。

十二月二日、日書連は再販制擁護百万人署名を国会に提出した。

十二月七日、流対協は規制緩和小委員会の結論に抗議文を提出。

十二月十二日、行政改革委員会は、著作物再販制度について最終意見を出した。

第6節　行政改革委員会の「最終意見」とモラトリアム

(1) 行政改革委員会の「最終意見」

行政改革委員会の「最終意見」は一九九七年(平成九年)十二月十二日に出された。「再販行為は、販売店から価格を競争手段として用いる機会を奪い、販売店間の競争を阻害する。この結果、消費者は商品をより安く購入する機会と、より多様で良質な販売サービスを享受する機会を奪われ、消費者利益が侵害される。特に、この四品目(書籍、雑誌、新聞、音楽用CD等=引用者)については、ほとんど全ての供給者が一致して再販行為を実施しており、このような場合には、競争抑制効果がより大きくなり、消費者利益への弊害も大きくなる」と結論した。

「最終意見」は、出版物再販制度の弊害について、「書籍及び雑誌については、品揃えに乏しい、注文品の取寄せに時間がかかる、在庫検索もできないといった非効率な書店が効率化の取組みに積極的でないまま残っている。また、遠隔地で多様な書籍及び雑誌を安く入手するのに有効な通信販売やブッククラブも、値引きができないため発達し得ていない」と指摘した。

これは当時、金子小委員会でも「論点公開」などあらゆる場面で再販廃止論者から再販制の弊害として指摘された問題である。小さな書店はどこも同じような「金太郎飴のような書店」で、品揃えが少なく、注文してもいつまでたっても本が入荷しない、本の在庫を聞いてもわからない。こうした書店は再販制にあぐらをかいてやる気がないといった意見を全面的に採用したものである。

「最終意見」は、本の再販制度の弊害をこのように結論し、「原則違法」の「再販行為に関する適用除外制度であるから、その維持のためには、例外的に取り扱うことを妥当とするに十分な『相当の特別な理由』が必要である」とし、この「『相当の特別な理由』は必ずしも競争政策上の理由だけに限定されるものではないが、仮に、再販制度が、競争政策的観点以外の価値の実現を目的として設定されている制度であるとしても、その維持を正当化するためには、再販制度がその目的達成のために必要最小限のものであるとの十分な理由が求められる」とした。

(2)「最終意見」の出版再販制度の弊害と反論

「最終意見」は、本の再販制度の弊害として、先に引用したとおり「品揃えに乏しい、注文品の取り寄せに時間がかかる、在庫検索もできないといった非効率な書店が効率化の取組みに積極的でないまま残っている」ということを大きく取り上げている。

このまま読めば非効率な書店というのは売り場面積の狭い、したがって大型書店に比べ、必然的に品揃えが乏しくなる中小零細書店、廃止論者が言うところの金太郎飴書店、業界でいう「街の書店」を指しているのであろう。効率化の努力をしない中小零細書店が延命できるのは「事業者への安定的な利益の保証を意図する再販行為」に守られているからで、再販制度を廃止すれば、効率化の努力をするか廃業するので、弊害はなくなるとの意見である。

この一九九七年（平成九年）当時、全国の書店数は二万五六七三店（経産省「商業統計調査」）で、再販制度が存続している現在は一万二五二六店（二〇一七年五月一日現在、アルメディア調べ、二〇〇〇年以前のデータはない。経産省データは五年ごと）とほぼ半減している。街の書店が急速に消えたのは、競争など別の要因によるもので、再販制度が廃止されたからではないことは、この数字が雄弁に語っている。「最終意見」に従えば、再販制度が存続しているのだから、効率化の努力をしない書店が残っていなければならないはずだ。

大店法の改正などによる規制緩和は、①有力書店による書店の大規模化と全国展開、②市街中心地からロードサイドへの消費の移行、郊外型ショッピングモールの全国展開によるロードサイド書店、モール内書店の全国的な増加をもたらした。その結果、県庁所在地や地方都市の市街地中心部のシャッター街化・空洞化が引き起こされ、これらの中心部に専ら位置する老舗書店が次々に廃業に追い込まれた。さらに二〇〇〇年に上陸したアマゾンが、二〇一〇年ごろから急速にネット書店として売り上げを伸ばし、違法な大幅ポイントカードを利用して影響力を強めた結果である。

次に「最終意見」は再販制の具体的弊害として「注文品の取寄せに時間がかかる」ことをあげてい

る。しかし他の業界で、たとえば電気製品で、店頭にない商品を取り寄せようとすれば、二、三週間待たされるのは当たり前だし、もともと取り寄せさえしてくれなかったり、すでに品切れになっていたりするのはよくあることだ。それに比べれば書店は儲からなくても在庫を照会し注文の手配をしている。中小零細書店は品揃えが限られるので、非在庫品の注文の窓口としてなおさら熱心に努力している。大型書店といえども、一〇〇万点を超える書籍を一同に展示することは不可能で、注文品の取り寄せは主要な業務の一つである。

また出版社はもともと多様な書籍を販売することを仕事にしており、大きな倉庫を持ち、なるべく在庫を切らさないようにしている。注文品の取り寄せの迅速化は当然必要だが、これは流通上の問題として以前から取り組んでいる課題で、再販制度がその原因ではないし、それを廃止したら迅速になるわけでもない。

取次店は書誌情報・在庫照会・発注などをオンラインで行うＴＯＮＥＴＳ（トーハン）やＮＯＣＳ（日販）など書店に装備してもらって流通の迅速化を行なっている。取次店と出版社間は出版ＶＡＮその他で発注と搬入の迅速化が図られた。また取次店の宅配便を使ったサービスにみられるように、流通の迅速化は宅配便の普及によって促されていったのである。

「在庫検索もできない」という不満も、当時はまだコンピュータによる在庫検索システムが一部の書店・取次・出版社にしか普及していない時代であり、無い物ねだりといえる。しかしその後、再販制度が存置されるなかで、それとは関わりなくＴＯＮＥＴＳ（トーハン）やＮＯＣＳ（日販）などの在庫検索システムが一般書店に普及していった。

「最終意見」は本の再販制度の弊害として「遠隔地で多様な書籍及び雑誌を安く入手するのに有効な通信販売やブッククラブも、値引きができないため発達し得ていない」という。

遠隔地でもより安く出版物が入手できないのは、再販制があるためというのである。これも支離滅裂な話で、遠隔地から通信販売で商品を購入すれば、遠隔地になればなるほど運賃が割高になるのは、常識である。これに対し、本は沖縄を含め全国同一価格で読者は手に入れられ、遠隔地だから割高ということはない。これは再販制度があることによって保証されている。また出版社は取次店の地方への運賃負担にも売り上げから一定率の協力金を支払っている。

再販制度がなくなれば遠隔地になればなるほど運賃コストもかかるので送料は高くなり、読者の負担は増える。再販制と通信販売やブッククラブの発達とは関係ない問題であるのに、むりやり関係づけて、再販廃止の理由にしている。

このように、「最終意見」の本の再販制度弊害論は、実証的にも歴史的にも批判に耐えられないお粗末なものであった。

(3) 制度を存置するための「相当の特別な理由」がない

「最終意見」は、著作物再販制度の弊害(他の品目の弊害はここでは触れない)をこのように述べたあと、「四品目が単に文化性を有するとの理由では、再販制度が認められることにはならない」と述べ、「例外的に取り扱うことを妥当とするに十分な『相当の特別な理由』が必要である。見直しの基本的視点は、この点に置かれる」という。

そこで「最終意見」は出版業界や再販制度を擁護する側が、再販制度が必要な理由として例示した理由、「相当の特別な理由」の一つ一つに反論した。

第一に、「出版物は、教育、文化、情報の向上・継承・伝播の最もすぐれた手段として利用され、文化の形成と社会の発展を支える役割を担ってきた」（「出版物再販制の意義」日本書籍出版協会・日本雑誌協会、一九九五年二月）といった、出版界などによる著作物の文化的役割の主張について「書籍の再販制度と一国の文化水準については、書籍に再販制度が認められていない国の文化水準が日本と比べて低いと認めることは困難であり、本来、関係がないものと考えられる」となんの論証もなく退けた。再販制度のない米国より、再販制度のある日英独仏（イギリスは一九九七年に再販制廃止）のほうが文化水準が高いのかといいたいのであろう。

また「再販制度が書籍の多様性を担保している」との出版業界の主張には、再販制度との関係は明確でない」と結論し、次のように総括した。

「小売段階における書籍の展示効果と書籍の多様性との関係については、画一的な中小書店は、現在でも展示効果を期待できる品揃えをしているとは言いがたい。また、大規模書店は、多品種・多在庫を特色にしているところが多く、再販制度の有無にかかわらず、展示効果を重視した経営戦略を選択すると考えられる。発行部数が少なく売れにくい本が消費者の目に触れるようになるためには、書店が専門化などの差別化政策を採用することが必要である。再販制度は、価格引下げを含めた書店の販売努力も、それがない場合に比べて、阻害してしまう可能性が高い」（行政改革淫会「最終意見」）つまり中小書店の品揃えが悪いのは再販制度の弊害と主張しながら、大型書店の品揃えが豊富なのは、再販制度の有無とは関係ないし、少部数出版物の展示については、「書店が専門化などの差別化政策を採用することが必要」という。

行政改革委員会の意見に従えば、再販制度下であれば、神田のような書店街にある個性的な書店、専門的な書店が営業できるのは当然で、そうした書店が他の大都市でも営業するのは容易のはずだが、いまやそうした書店もほとんどなくなっているのが現実である。その論で行けば、再販制度のない米国に専門書店が多くあることになるが、「決して専門書店は多くなく、価格競争が激化した現在、むしろ不利な立場に立たされている（「『論点公開』に対する意見――出版物再販制度の果たす役割」日本書籍出版協会・日本雑誌協会、一九九六年九月三十日）。再販制を廃止すれば、個性的な書店ができるという保証はない。再販制度の有無とは別問題であるのに、再販制度が書店を怠惰にして個性化、専門店化を阻害していると予断して、事実上、中小書店の退場を求めているとしかいえない内容である。

さらに「最終意見」は「出版段階における書籍の多様性についても、再販制度との関係は明確ではない。売れにくいが学術的・文化的な価値が高いとされる書籍については、再販制度の有無によって需要自体が大きく変化するわけではないと考える」と総括した。つまり再販制度を廃止して価格が自由価格となっても、学術書などの需要の変動は少ないため発行は継続され、再販制度を廃止しても書籍の多様性は失われないという。これも論理のすり替えで、出版界が問題にしているのは、再販制度の廃止で、出版社が価格決定権を失うと、採算計画が立てられなくなるおそれがあり、採算が立てにくい学術的・文化的な本の出版がしにくくなり、結果、書籍の多様性が失われると主張しているのである。

これに関連して日本学術会議（伊藤正男会長）は一九九六年（平成八年）十月十七日に「著作物再販制度の存廃問題についての会長談話」を出して、「著作物の『法定再販』制を見直し、その存廃を法律上決定するということは、独占禁止法の基本理念である自由かつ公正な『競争政策』のあり方にかかわると同時に、学術書を含む著作物の社会的普及の状況を大きく左右する。（中略）上記の協議に際し、現にきわめて困難な状況にある学術書の出版条件を改善するよう考慮すること」を要請している。つまり、現在でも厳しい学術書の出版事情は、再販制がなくなればもっと厳しくなるので、国として学術書への出版助成などの出版条件を改善してくれ、と対策を求めていた。

「最終意見」は、「全国統一価格と文化享受機会の公平・均等性との関係については、商品の価格に流通コストが反映されるとしても、再販制度が無くなることが、文化享受の機会の公平・均等性を阻害するというほどの実質的な価格差を生み出すとは考えられない」という。

出版は東京一極集中の傾向が強いことから、再販制度による全国一律の定価販売を保証するために、地方発送用の運賃（地方正味格差撤廃負担金など）を出版社が負担してきた歴史があることは既に触れた。郵便はがきと同じこのユニバーサル・サービスは日本の知的文化的教育的発展を支える力になってきた。各地各地方の生産拠点で大量生産する商品は全国一律の値段かもしれないが、そうでないものは消費者が送料を負担するのが一般的であるし、遠隔地になればなるほど運賃コストもかかるので送料は高くなる。再販制度を廃止すれば遠隔地ほど本の価格が上昇するのは明らかで、「最終意見」はこのことには反論できないため、何の根拠もあげず反論している。宅配便の運賃もみていないお粗末な反論である。

また、再販制度の廃止が「仮に、影響があるとしても、より読者ニーズに応えられる品揃えの豊富な店や専門性の高い店が画一的な書店に置き換わる方が、身近に文化に触れるという観点からも、消費者にとりプラスとなるであろう」という。しかし、小さな町の書店を目の敵にして、そんな書店はなくなってしまえと言わんばかりの、なんとも乱暴な議論である。

小さな町の書店が全国津々浦々にあり、読者のためのユニバーサル・サービスを果たしていることも、日々の読書にとって大事なことなのである。

たしかに指摘される問題点は、もともと当時も出版業界が解決すべき流通・取引上の課題としてさまざまに議論され、取り組んでもいた問題で、再販制にあぐらをかいた「非効率な書店が効率化に積極的でない」からではない。再販廃止論者は、こうした業界の問題点は再販制を廃止すれば一挙に解決できると論理をすり替えて、再販制度の廃止を主張したのである。行政改革委員会が再販制度の弊害として具体的にあげているのは、以上のことであり、それ以下でもない。

このように行政改革委員会の「最終意見」は、「これら四品目（書籍、雑誌、新聞、音楽用CD等＝

引用者）が文化を構成する重要な要素である点を深く認識しており、再販制度と文化の維持の関係を論じることの必要性を否定するものではない。ただし、これら四品目が単に文化性を有するとの理由では、再販制度が認められることにならないのは言うまでもない」という認識を前提に検討をした結果、前記のような弊害を列記して「四品目のいずれについても、現行再販制度を維持すべき『相当の特別な理由』があるとする十分な根拠は見出せなかった」と結論した。

（4）再販制度廃止は当面先送り

このように、行政改革委員会の「最終意見」は、再販制度を「維持すべき相当の根拠はない」と結論したうえで、廃止そのものについては、先送りの結論を出した。全政党を巻き込んだ反対運動の前に譲歩を余儀なくされたのである。

「現行再販制度は、これまで、これら四品目の多様性の確保や文化の公平な享受を実現することによって、文化の振興・普及に大きな役割を果たしてきたとされ、その見直しについて、国民から様々な懸念が示されている。（中略）また、既に在る再販制度に対して、消費者の利益を大きく侵害しているると日常生活の中で国民が実感することは多くはないとも言われるところである」から、同制度の廃止反対の意見や懸念する意見も多いと指摘、「再販制度の取扱いについては慎重に対応すべきとの論も強いものがある」とした。

したがって、行政改革委員会としては、「現行再販制度を維持すべき『相当の特別な理由』があるとする十分な根拠は見出せないとの認識が、国民に十分に浸透されていくことを期待するとともに、著作物の再販制度について、国民の議論を深め、その理解を踏まえて速やかに適切な措置を講じるべきである」と答申した。現行再販制度を存続させる理由はないが、反対論が強いので廃止は当面先送りして、国民的理解を得たうえで廃止するという結論である。

(5) 政府行政改革推進本部と公取委が三年間の結論先送り

行政改革委員会の当面先送りの結論を受け、公正取引委員会から再販制度見直しの検討を依嘱されてきた「再販問題検討のための政府規制等と競争政策に関する研究会」(座長・鶴田俊正専修大学教授。第二次鶴田研究会または規制研。九七年二月設置)は、九八年(平成十年)一月十三日、報告書を公表した。同報告書によると、「著作物再販適用除外制度の取扱いについて」、①「競争政策の観点からは、現時点で著作物再販制度を維持すべき理由に乏しく基本的には廃止の方向で検討されるべきものと考えられる」が、②「本来的な対応とはいえないが間接的にではあれ、著作物再販制度によってこれまで著作権者等の保護や著作物の伝播に携わる者を保護する役割が担われてきているという点については、文化、公共的な観点から配慮する必要があり、したがって著作物再販制度を直ちに廃止することには問題があると考えられる」と結論した。その上で③「この際、それぞれの関係業界において、各種の弊害の是正に真剣な取組みを開始すべきものと考える」と注文をつけた。

著作物再販については廃止を先送りする行政改革委員会の「最終意見」と規制研報告のとおり、政府の行政改革推進本部（本部長・橋本龍太郎首相）は、九八年三月三十一日「規制緩和推進三カ年計画」を次のとおり閣議決定した。

「著作物（書籍・雑誌、新聞・レコード盤・音楽用テープ・音楽用CD）の再販売価格維持制度については、独占禁止法上原則禁止されている再販行為に関する適用除外制度であることから、制度を維持すべき相当の特別な理由が必要であり、今後、行政改革委員会最終意見の指摘する論点に係る議論を深めつつ、適切な措置を講ずるものとする。

当面、現行の再販制度の下で見られる各種の流通・取引慣行上の弊害について、消費者利益確保の観点から、迅速かつ的確にその是正を図ることとする」

三カ年計画は、行政改革委員会の結論を下敷きにそのまま要約したもので、流通・取引上の弊害を再販制の弊害として指摘しながら、結局はそれとの関係とかかわりなく弊害是正を図るよう求めた。なお、この問題の所轄省庁は公正取引委員会で、これらの弊害については一九九八年度以降に是正することが示された。

三カ年計画の閣議決定と同じ日に公取委から「著作物再販制度の取扱いについて」が公表された。「公正取引委員会は、この提言（平成十年一月の規制研報告書の提言＝引用者）や行政改革委員会最終意見（平成九年十二月）を踏まえ、また、関係者からの意見聴取等を行い検討してきたが、このたび、著作物再販制度について、以下のように取り扱うこととする旨の結論を得た」と経緯を説明したうえで、「著作物再販制度については、研究会の提言にあるとおり、競争政策の観点からは、廃止の方向で検討されるべきものであるが、本来的な対応とはいえないものの文化の振興・普及と関係する面もあるとの指摘もあり、これを廃止した場合の影響について配慮と検討を行う必要があると考えられる。したがって、この点も含め著作物再販制度について引き続き検討を行うこととし、一定期間経過後に制度自体の存廃についての結論を得るのが適当であると考えられる」

と、廃止の結論の先送りをした。

また、音楽用CDなど著作物の範囲の明確化については「現在まで、書籍・雑誌、新聞及びレコード盤・音楽用テープ・音楽用CDをその対象品目として取り扱ってきているところである」として音楽用CDを追認した。

米国の強い要求があったため、政府は著作物再販制度の廃止を目論んだが、出版・新聞・音楽など関係業界による、文化人・全政党を巻き込んだ強い反対運動の前に、当面「三カ年程度」（公取委の説明。「朝日新聞」一九九八年三月三十一日付夕刊）結論を「先送り」（「日本経済新聞」三月三十一日付夕刊）せざるを得なくなったのである。

（6）業界の反応

三月三十一日、出版四団体の日本書籍出版協会（書協）、日本雑誌協会（雑協）、日本出版取次協会（取協）、日本書店商業組合連合会（日書連）は、「再販制度廃止見送りは妥当な結論である」とする共同談話を発表する。そして、その中で、「再販制度の適切かつ弾力的運用に努めてまいります」と述べ、弾力的運用を約束した。

四月には、「再販制度弾力運用推進委員会（現・出版流通改善協議会、相賀昌宏委員長・小学館）を設け、業界としての対応、関係者が再販制度の弾力運用を実施するにあたっての参考資料を提供するための検討を開始した」（前掲『日本雑誌協会 日本書籍出版協会50年史』）。「弾力運用推進委員会」という名称に、この会の基本姿勢が示されていた。弾力運用をしないと再販制度は守れないというのが、会の考え方であった。

第7節　モラトリアムの攻防

(1) 是正六項目

公正取引委員会は、著作物再販制度を廃止することに失敗し、存廃の先送りを公表する際に、次のような条件を付けた。

(1) 関係業界に対して、消費者利益確保の観点から、特に次のような点について是正措置を講ずるよう求め、その着実な実現を図っていくこととする。

○ 時限再販・部分再販等再販制度の運用の弾力化

○ 各種の割引制度の導入等価格設定の多様化

○　再販制度の利用・態様についての発行者の自主性の確保
○　サービス券の提供等小売業者の消費者に対する販売促進手段の確保
○　通信販売、直販等流通ルートの多様化及びこれに対応した価格設定の多様化
○　円滑・合理的な流通を図るための取引関係の明確化・透明化その他取引慣行上の弊害の是正

(2)　再販制度の運用が不当に消費者利益を害することのないよう、独占禁止法第二十四条の2第一項ただし書に基づき厳正に対処するとともに、硬直的・画一的な再販制度の運用の是正を図る。このため、適宜、再販制度の利用状況について実態把握・監視を続けていくこととする。また、景品規制の見直しにより競争手段の多様化を図ることとするほか、価格設定の多様化を阻害することのないよう、新聞業における特殊指定（昭和三十九年公正取引委員会告示第十四号）の見直しを行うこととする。

(1)は、著作物再販制度が関係業界によって硬直的・画一的に運用されていると評価している公取委が、弾力的運用を指示したいわゆる是正六項目である。

(2)　弾力運用の波

著作物再販制度廃止の結論の三カ年の先送りが決まると、公取委が求める是正六項目を実行しないと、再販制度が三年後には廃止されてしまうとの危機感から再販制度を守るための弾力運用の波が引

き起こされた。

一九九八年（平成十年）四月二十一日「再販制度弾力運用推進委員会」（相賀昌宏委員長、出版四団体で構成。翌九九年に「流通改善・再販運用推進委員会」に改組、現・出版流通改善協議会）が発足し、業界挙げての弾力運用推進の体勢が整えられた。

四月から小学館の『週刊ポスト』が、五月から講談社の『週刊現代』が雑誌の次号発売日から価格拘束を解く時限再販をはじめた。

また書籍の弾力運用は、小学館、講談社、集英社、光文社、河出書房新社、角川書店、学習研究社の大手版元七社が次々に「読者謝恩自由価格本フェア」を秋の読書週間にあわせ書店店頭で実施することを表明した。

七月、出版物共同流通センター（大阪屋・栗田出版販売など取次店五社）は、「読者感謝自由価格本フェア」を随時全国の書店で実施した。十月には取次店のトーハン、日販も同様のフェアを開催した。

八月三日には日書連が「『自由価格本』『バーゲンブック』フェア開催についてのお願い」を公表、ジュンク堂書店池袋店は、八月二十八日から九月十五日まで、読者感謝自由価格本フェアを実施した。

九月、角川書店が『Ｔｏｋｙｏ Ｗａｌｋｅｒ』の時限再販、「角川ミニ文庫」の部分再販導入を発表。

十月には、前記大手版元七社が、「再販の弾力的運用・読者サービスの一環として一九九八年秋の読書週間にあわせ、第一回出版社謝恩価格本フェア（期間限定非再販のテスト販売）を実施」（『出版流通改善――再販制度の弾力運用レポートⅡ』流通改善・再販運用推進委員会、一九九九年十月）した。

この月、出版四団体でつくる「再販制度弾力運用推進委員会」が『読者のための出版再販――制度の弾力運用レポート』を公表、出版社・取次店の弾力運用の取組事例をまとめているが、このフェアを、再販制度弾力運用・流通改善事例のトップにあげている。

同フェアは期間・書名を限定した七社の出品セットを書店が申し込み、自由価格で販売するもので、二〇～三〇％の割引については出版社が割引原資として販売促進費を負担した。十月二十七日から十一月九日の読書週間に実施され、売れ残りについては出版社が返品をとった。取次店八社が協力、三八九九セット二〇万部が送品され、全国の書店八〇〇店で実施された。売上率は二〇～三〇％であった。以後、春と秋の読書週間にあわせ、継続して実施される（前掲『出版流通改善――再販制度の弾力運用レポートⅡ』）。

このように全国の書店で「自由価格本」「バーゲンブック」が、さまざまな形で開催された。九九年からは東京国際ブックフェアでバーゲンブックフェアが始まった。

「既に定価販売以外のいわゆる自由価格本や、謝恩価格本の呼び方で定価以外の売り方を実施されている書店は、二〇〇〇店を超えると思います」（相賀昌宏再販制度弾力運用推進委員会委員長の発言。『読者のための出版再販――制度の弾力運用レポート』七頁）。まさに弾力運用の波が押し寄せたといえる。

これらのバーゲンブックフェアは、再販制度を守るためという理由から実施された。日書連は「『自由価格本』『バーゲンブック』フェア開催についてのお願い」で次のように呼びかけている。

出版物再販制度につきましては、公正取引委員会の結論は、三年程度先送りとし、この間は、消費者ニーズへの対応、また出版物流通改善に努めることとし、更には、時限再販、部分再販の弾力運用を指摘されております。日書連五月総会においては、これに対応するための当面の取り組みとして、出版社の方針のもとに、書店としての協力体制をはかることとし、バーゲンブックフェアの開催については各都道府県組合あるいは支部等において開催するよう努めることを確認し、ご承認をいただいております。（中略）出版物再販制度擁護のための趣旨にご理解をいただき、この機会に読者謝恩のための「自由価格本」「バーゲンブック」フェア等を企画立案され、組合員ご協力のもとに実施されますようお願い申し上げます。

「再販制度を守るための弾力運用」の流れが、出版業界全体を覆ったのである。

こうした波は流対協にも及んだ。バーゲンブックフェアなど時限再販を積極的に推進していくべきという小汀良久会長（新泉社代表）・矢野恵一経営委員長（青弓社代表）・北川明流通情報委員長（第三書館代表）・春田親邦事務局長グループと、会の原点に立ち再販制原則運用を進めようとする菊地泰博副会長（現代書館代表）と筆者などのグループとの意見が分かれた。九八年三月の流対協の第一九回総会では、小汀会長らが推す矢野氏を、筆者らが推す菊地康博副会長（現代書館代表）が破り、新会長となった。

(3) 大脇雅子参議院議員の質問主意書と小渕総理大臣の答弁書

出版流通対策協議会（流対協、現・日本出版者協議会）は、弾力運用がこのまま進むと実質的に再販制度が崩れてしまうと危惧し、社民党の大脇雅子参議院議員に依頼し、一九九八年（平成十年）九月二十八日付で「公正取引委員会の『著作物再販制度の取扱について』に関する質問主意書」を提出してもらった。十月二十七日、小渕恵三内閣総理大臣名の政府答弁書が送付された。やりとりは次のとおりである（巻末資料1）。

質問一　「取扱い」は、いかなる法的性格の文書なのか、即ち何らかの法的強制力、行政処分性を有する文書なのか、この内容を守らないと再販事業者が何らかの不利益を被ることになるのか否かについて明らかにされたい。

答弁一　（「取扱い」は独占禁止法及び著作物再販制度等についての）公正取引委員会の解釈及び今後の方針を示したものであり、それ自体、法的強制力を持つものでもなければ、行政処分としての性格を有するものでもない。

しかし、公正取引委員会においては、今後、取扱いに関する文書で示した方針により、独占禁止法の運用及び著作物再販制度の見直しを行っていく（後略）

質問二　再販事業者が、当を得ていないとの判断のもとに、「取扱い」が求める著作物再販制度の維持による弊害を是正する措置を実行しない場合は、公正取引委員会が、著作物再販制度を廃止すべきであるとの結論を得るものと理解してよいのか明らかにされたい。
答弁二　（前略）消費者利益を確保する観点から、関係業界に対し、現行の著作物再販制度の下において指摘されている各種の流通・取引慣行上の弊害の是正を要請したところであるが、これは、あくまでも現行の著作物再販制度の下での是正を求めるものであり、かかる要請に沿った関係業界による弊害是正措置の実行の有無と著作物再販制度自体の存廃とは直ちに結びつくものではない。
質問三　著作物再販品目の範囲の限定、明確化は、独禁法の改正によって実施するのか否か、また、実施する場合、その時期は何時かについて明らかにされたい。
答弁三　（前略）独占禁止法上再販適用除外が認められる著作物の取扱いを明確にするためには、法的安定性の観点から、立法措置によって対応するのが妥当と考えているところであるが、取扱いに関する文書において一定期間経過後に著作物再販制度自体の存廃についての結論を得ることとしていることから、現時点で、法改正の時期を明らかにすることはできない。

以上のように公取委は、①「取扱いに関する文書」＝公表文には、法的強制力や行政処分としての性格がないこと、②是正六項目は現行著作物再販制度下での弊害是正を求めたもので、弊害是正の有無と再販制度の存廃は直ちに結びつかない、③著作物の取扱いの明確化は法的安定性の観点から、立法措置によるのが妥当だが、制度の存廃の結論を得ることになっているので、法改正の時期は明らかにできない、と答えたのである。

つまり、公表文に強制力がないのであれば、出版界として納得や承服できないような公取委の見解ないし要望については、これこれの理由でこの点については承知できませんと主張すればいいのである。是正六項目の実施と再販制度の存廃は「直ちに結びつかない」ということは、バーゲンブックフェアなど「弾力運用をしないと再販制度が崩壊する」という出版四団体の主張が根拠の薄弱なものであることを示した。また、著作物再販制度の存廃の結論を得た上で、著作物の取り扱いの明確化は立法措置で行なうということも明らかにした。公取委としては、著作物再販を廃止したいので、その場合は当然、法改正で著作物再販を認めた独禁法二十四条の二第4項の削除を行わなくてはならない。現状の六品目を追認するか減らすか、などについても立法措置の必要がある。つまり、著作物再販制度を守るためには、制度への国民の理解を促すことと政党を巻き込んだ著作物再販制度擁護の運動が必要であることを明らかにしたといえる。

この答弁書を引き出した意味は大きかった。政府答弁書は政府の国会答弁と同様に、国の正式見解であり、行政府を縛る役割があるからである。そして出版業界が弾力運用に走るなかで、なし崩し的に再販制度が壊れてしまうことを防ぐ役割を期待できたからだ。

流対協は、十一月五日、「（答弁書は）公取委の和泉沢前課長が流対協の質問に口頭で答えた域を大きくでるものではないが、公取委を拘束する点で、意味は大きい。出版界にあるこれまでの推測などに基づく混乱を正す役割もあると思う。出版界は、流通取引上の弊害是正について、読者のためにやるべきことはやり、納得できないことはやらないという、自主的な取り組みをすることが肝要である。弾力的運用をやらないと再販制度を廃止されてしまうといった議論が、短絡的なものであることも明らかになった。また、制度を守るためには国会対策が重要であることも確認された」との声明を発表した。

(4) 出版業界と新聞業界の対応の違い

一九九八年(平成十年)十二月二日、公取委は「著作物再販制度下における関係業界の流通・取引慣行改善等の取組状況等について」を公表した。これは是正六項目の取組状況を総括したもので、出版業界には次のような是正事例が報告された。

1 発行後一定期間が経過した書籍・雑誌の非再販化(時限再販)の拡大。
2 期間限定の書籍の非再販化。
3 非再販書籍の発行。
4 雑誌の長期購読割引の拡大。
5 取次における非再販品の取扱いの確保。
6 書籍・雑誌を対象としたポイントカード制等の実施。
7 インターネット等による通信販売の拡大。

8　注文品供給・情報提供迅速化への取組。

公正取引委員会はそのうえで、書籍・雑誌業界については「一層の取組が求められるところである」と評価する一方で、新聞業界については「有識者や消費者団体等から、長期購読割引等長期購読者を優遇する制度を導入すべきとの強い要請があったにもかかわらず、各発行本社における取組は進展していない状況にあり、今後、各社の真摯な取組が求められるところである」と厳しい注文をつけた。

翌九九年十二月二十八日、公取委は再び「著作物再販制度下における関係業界の流通・取引慣行改善等の取組状況等について」を公表、「著作物再販制度自体の存廃については、平成十年一月に公表した再販問題検討のための政府規制等と競走政策に関する研究会の報告書（「著作物再販適用除外制度の取扱いについて」）で指摘された論点について（中略）関係団体との間でさらに検討する場を設定し、議論が深まるように努めていく。そして、関係業界における流通・取引慣行改善等の取組やこれらの場における議論を踏まえつつ検討を進め、平成十三年春を目途に結論を得ることとする」と述べた。改善等の取り組みを踏まえつつ結論を得るという下りに、関係業界とりわけ出版業界は、弾力運用など是正六項目に取り組まないと再販制が廃止されてしまうのではないかという危機感を抱き、これを公取委からの圧力と捉えたのである。

そして、是正六項目の取り組み状況を点検、話し合うための再販対話が組織され、二〇〇〇年二月九日に公取委と出版業界との間で第一回「書籍・雑誌に関する再販対話」が始まり、六月まで五回にわたって開催された。

一方、新聞業界は是正六項目に強く抵抗したため、公取委をして「新聞業特殊指定（「新聞業における特定の不公正な取引方法」の略。定価販売を強制できる。一九九九年七月二十一日の改正で、大量一括購読者向けや学校教育教材用については割引ができるようになった＝引用者注）改正後、極めて少数の新聞社でしか例示された価格設定の多様化の試みがなされていない。また、有識者や消費者等から、長期購読者用定価（割引）等長期購読者を優遇する制度を導入すべきとの強い要望がなされており、これを導入することについては、新聞業特殊指定上特段の問題はないにもかかわらず、顧客把握上の困難性などを理由に、各新聞発行本社における取組は進展していない状況にある」（前掲「書作物再販制度下における関係業界の流通・取引慣行改善等の取組状況等について」）と、またも苛立ちを隠せない厳しい評価を下した。

このように、出版業界は再販制度を守るためとして弾力運用を推進したが、新聞業界はあくまで抵抗した。それから三年間、出版業界は「再販制度を守るため」業界ぐるみで弾力運用など是正六項目に取り組んだ。

再販対話が始まると、講談社が『週刊現代』などを、小学館も『週刊ヤングサンデー』の時限再販の実施を相次いで発表。三月、集英社が『週刊プレイボーイ』など、学研は『平成十三年版私立中学受験案内』の十一月以降からの時限再販を発表した。九月には、東洋経済新報社が『季刊会社四季報』など四誌の時限再販を発表した。

（5）再販対話と反対運動

結論がでる年が迫るにつれ、関係業界でも再販制度を守る動きが活発化した。

一九九九年（平成十一年）十二月十七日、文部省・文化庁、書協・雑協、新聞協会で構成する活字文化懇談会の第六回懇談会が開催された。

二〇〇〇年一月二十一日、日書連は「再販制擁護のための運動方針」を決める。

二月三日、再販制擁護に向け書協・雑協・取協・日書連の出版四団体は、再販特別委員会を再発足させ、公取委との「書籍・雑誌に関する再販対話」の進め方、消費者団体・国会等への働きかけについて検討した。

二月九日、公取委との「再販対話」が始まった。並行して、新聞、レコード業界との再販対話も実施された。出版界からは再販特別委員会の代表一〇人が公取委取引部との対話に臨んだ。六月までに五回開催される。

三月八日の第二回目の「再販対話」では、出版側委員が事前にまとめた「『再販対話』における論点」が提出された。

六月十四日の「再販対話」最終回において、公取委から再販対話のメンバーに対して、「書籍・雑誌再販における論点及び質問事項」が出される。

八月三十一日、「書籍・雑誌に関する再販対話」の出版社側委員が「『書籍・雑誌再販における論点及び質問事項』への回答メモ」を提出した。八〇年の新再販制度を前提に再販制度の必要性をさまざまなデータを駆使し改めて理論的に論じ、次のように再販制度廃止論に反論した。

出版業界においては六〇〇〇余の出版社が競争し、新規参入は全く自由であって極めて競争的な市場であり、再販制度の下での過去四十年以上をみても出版業界における出版点数も流通点数も世界トップレベルであり、出版業界についてはその市場パフォーマンスは極めて良好であり競争的である。従って、もし再販制度を廃止しようとする主張があるならば、現在の再販制度がもたらしている不利益あるいは不都合を具体的に示し、再販制度を廃止することによってそれらの問題が確実に解決することを示すべきである。同時に廃止により、現行再販制度が読者に対してもたらしている利益よりも大きなメリットがあることを論証し、さらにその論証が国民の広い層の理解を得られることが必要である。(「『書籍・雑誌再販における論点及び質問事項』の回答メモ」はじめに)

十一月九日、文部省・文化庁、書協・雑協、新聞協会で組織する活字文化懇談会が、ホテルオークラで開かれ、再販制度維持の緊急アピールを決議した。

十二月一日、超党派の国会議員で組織する活字文化議員懇談会が、衆議院第一議員会館で集会を開催し、再販制度擁護の緊急アピールを採択した。

十二月七日、公取委は「著作物再販制度の見直しに関する検討状況及び意見照会について」を公表し、関係事業者、国民各層から意見を募ることを表明した。

二〇〇一年一月、出版四団体は、連名で再販制度維持に理解と協力を読者に求める「読者の皆さんへ」を作成し、日書連の組合書店で配布をはじめた。

二月二十二日、日書連が「出版物再販制度の存続を求める全国代表者集会」を衆議院第一議員会館で開き、超党派の出席議員らに再販制度の存続を求めた。

三月十四日、公取委が「著作物再販制度の見直しに関する検討状況及び意見聴取等の状況について」を公表、再販維持の意見が九八・八%（二万八〇四八件）、廃止の意見が一・二%（三三八件）であったと述べた。

三月二十一日、活字文化議員懇談会は、「著作物の再販制度維持を求める3・21緊急集会」を開催し、再販制度維持を求める声明を発表した。

三年前と同様に超党派の議員を巻き込んだ反対運動の高まりを前に、公取委は苦しい状況に追い込まれた。著作物再販制度の廃止を法的安定性の観点から独禁法の改正で行うと九八年の小渕総理大臣の答弁書で表明した公取委の方針は、自らを縛ることになってしまったのである。当時の政治状況は、二〇〇〇年四月に小渕首相が執務中に倒れ、急遽、暫定政権として森内閣が発足したが、政局は極めて不安定であった。自民党は単独過半数を取れず、公明党などとの連立政権で、十一月にはいわゆる加藤の乱が党内から起こるなど、森内閣は低支持率で二〇〇一年三月五日に内閣不信任決議を否決したものの四月には総辞職するという脆弱内閣であった。

しかも読売新聞社長の渡邉恒雄が新聞協会の会長（一九九九年六月〜二〇〇三年六月）を務めていて、業界を挙げて強硬な反対姿勢を取り続けていた。渡邉自身も九六年六月五日の衆議院の規制緩和に関する特別委員会で、参考人として新聞業界を代表して著作物再販制度の意義を意見陳述していた。

第8節　再販制度の当面存置

(1) 公正取引委員会が再販制度の当面存置を決定

著作物再販制度の存廃について三年間検討してきた公正取引委員会は、二〇〇一年（平成十三年）三月二十三日に、是正六項目に関する「関係業界における取組状況」という資料とともに公表文「著作物再販制度の取扱いについて」を公表する。

1　著作物再販制度は、独占禁止法上原則禁止されている再販売価格維持行為に対する適用除外制度であり、独占禁止法の運用を含む競争政策を所管する公正取引委員会としては、規制改革を推進し、公正かつ自由な競争を促進することが求められている今日、競争政策の観点からは同制度を廃止し、著作物の流通において競争が促進されるべきであると考える。

しかしながら、国民各層から寄せられた意見を見ると、著作物再販制度を廃止すべきとする意見がある反面、同制度が廃止されると、書籍・雑誌及び音楽用ＣＤ等の発行企画の多様性が失われ、また、新聞の戸別配達制度が衰退し、国民の知る権利を阻害する可能性があるなど、文化・公共面での影響が生じるおそれがあるとし、同制度の廃止に反対する意見も多く、なお同制度の廃止について国民的合意が形成されるに至っていない状況にある。

したがって、現段階において独占禁止法の改正に向けた措置を講じて著作物再販制度を廃止することは行わず、当面同制度を存置することが相当であると考える。

2　著作物再販制度の下においても、消費者利益の向上につながるような運用も可能であり、関係業界においてこれに向けての取組もみられるが、前記意見の中には、著作物再販制度が硬直的に運用されているという指摘もある。

このため、公正取引委員会は、現行制度の下で可能な限り運用の弾力化等の取組が進められることによって、消費者利益の向上が図られるよう、関係業界に対し、非再販商品の発行・流通の拡大、各種割引制度の導入等による価格設定の多様化等の方策を一層推進することを提案し、その実施を要請する。また、これらの方策が実効を挙げているか否かを検証し、より効果的な方途を検討するなど、著作物の流通についての意見交換をする場として、公正取引委員会、関係事業者、消費者、学識経験者等を構成員とする協議会を設けることとする。

公正取引委員会としては、今後とも著作物再販制度の廃止について国民的合意が得られるよう努力を傾注するとともに、当面存置される同制度が硬直的に運用されて消費者利益が害されることがないよう著作物の取引実態の調査・検証に努めることとする。

3　また、著作物再販制度の対象となる著作物の範囲については、従来から公正取引委員会が解釈・運用してきた六品目（書籍・雑誌、新聞及びレコード盤・音楽用テープ・音楽用CD）に限ることとする。

このように、公取委は①競争政策の観点から著作物再販制度は廃止すべきと考えているが、出版等の多様性や国民の知る権利が阻害されるなど、文化・公共面でマイナスの影響があると懸念する声が多く、廃止について国民的合意が得られていないので、法改正による同制度の廃止はせず、当面存置する、②著作物の範囲については六品目に限ることとする、と発表した。米国の要請のもとに、規制緩和の一環として公取委が目論んだ著作物再販制度の廃止は、十年に及ぶ論戦と攻防の末、当面失敗に終わったのである。

また三年前にレコード盤に準じて取り扱われることになった音楽用CDが、正式に再販著作物に加わることになった。レコード業界の取り組みの成果である。このことを教訓とせず、その後、書籍と機能と効用を同じくするパッケージ型電子書籍やオンライン型電子書籍を新たな品目として加えてもらう運動すらしようとしなかった出版業界とは大違いである。

法改正による廃止を当面断念せざるを得なかった公取委は、是正六項目を公表文の2に挿入することで、それら項目の実行を検証し、方策を検討するなどの「意見交換をする場」として公取委、関係業界、消費者、学識経験者等からなる協議会（著作物再販協議会）を設け、この協議会を通じて行政指導をすることにしたのである。粘り腰である。

（2）関係業界の反応

二〇〇一年（平成十三年）三月二十三日に著作物再販制度の当面存置が決まると、出版四団体は同日、「著作物再販制度に関する共同談話」を発表した。

書籍・雑誌の再販制度に関する共同談話〈著作物再販制度維持は国民的合意〉

公正取引委員会は、平成三年以降、独禁法適用除外制度見直しの一環として行ってきた著作物再販制度検討の結果、本日、「同制度を存置することが相当」との結論を公表しました。

この結論は、先般公取委が実施した制度見直しに関する意見照会に寄せられた二万八千件を超える意見のうち約九九％が制度維持を求める意見であったこと、著作者団体等も制度維持を求めていること、多くの地方公共団体の議会においても同様の意見書が採択されていること、さらには超党派の多数の国会議員が結束して制度維持を支持する熱烈な決意を表明していること等々からしても、当然の結論といえましょう。

しかしながら、今回の公取委発表文の中に「著作物再販制度の廃止について国民的合意が得られるよう努力を傾注する」とあることは、国民的世論に背くことと言わざるを得ず、遺憾であります。

私どもは、当初から書籍・雑誌等出版物に関する再販制度の意義と必要性を広く訴えてまいりました。ここに国民各位の理解と支持を得、制度維持となったことに感謝の意を表明する次第であります。

書籍・雑誌等出版物の発行、販売に携わる私どもは、その文化的使命を自覚し、制度の弾力的運用と流通の改善に努め、読者の期待に応えるよういっそう努力する所存であります。

平成十三年三月二十三日

社団法人 日本書籍出版協会理事長 渡邊 隆男
社団法人 日本雑誌協会理事長 角川 歴彦
社団法人 日本出版取次協会会長 菅 徹夫
日本書店商業組合連合会会長 萬田 貴久

公正取引委員会の「著作物再販制度の取り扱いについて」に対する声明

二〇〇一年三月二十六日
出版流通対策協議会 会長 菊地泰博

公正取引委員会(公取委)が、三月二十三日に公表した「著作物再販制度の取扱いについて」で、「現段階において独占禁止法の改正に向けた措置を講じて著作物再販制度を廃止することは行わず」「同制度を存置することが相当」と結論したことは、われわれの主張が入れられたものとして評価する。しかし、「競争政策の観点からは同制度を廃止し、著作物の流通において競争が促進されるべきであると考える」との観点から、「今後とも著作物再販制度の廃止について国民的合意が得られるよう努力を傾注する」としたことは、国民の声を無視し、当面存置するとしながらも事実上、廃止の方向を決定したもので、極めて遺憾である。これは、日本の言論・出版・表現の自由と科学技術・文化の発展と継承を危うくするもので、強く抗議する。

この間、方法に問題があるとはいえ、公取委は国民から意見照会・意見聴取を行ない、九九％が再販制度の維持に賛成しているにも拘わらず、ただただ廃止したいという公取委の独断によって国民の声を無視した結論を下したことは、国民に対する背信というべきであろう。しかもこうした結論を出す作業が、出版再販対話に象徴されるように、われわれ流対協などの中小零細出版社を排除して、公取委が限られた出版業界団体と密室会議を繰り返し、非公開ですすめるなど、極めて非民主主義的手続きで決定された点でも強く抗議する。また今後、「著作物流通についての意見交換する場としての協議会を設置する」としているが、廃止のための国民的合意を得ることを目的とした協議会であるならば、そのような協議会の設置には断固反対する。

流対協は、再販制度廃止を目的・前提としたいかなる決定に拘束されることなく、再販制度の実質的形骸化を促進する弾力的運用に反対し、今後も再販制度の原則的運用を推進していく。

一方、新聞協会も同日「著作物再販制度に関する公取委決定についての渡邉恒雄・日本新聞協会会長の談話」を発表した。

著作物再販をめぐる論議に終止符が打たれ、新聞再販が維持されたことは、新聞界としては、評価したい。

しかし、公取委の調査で、九八％の国民が再販維持を求めていることが判明したにもかかわらず、公取委がいまなお「競争政策の観点から著作物再販は廃止すべきである」とする考え方を撤回しないのは、全く理解できない。そもそも、独禁法の中で、「合法」と認められている著作物再販について、公取委がいわゆる規制緩和策の対象にしたこと自体が間違っていたと考える。再販を廃止することが日本経済の回復につながるとは思えない。

これから新聞界は、新聞のもつ文化的、公共的使命を一層追求するとともに、再販制度と読者の利益を結びつけながら、高度な戸別配達の実現と流通の正常化に努めていきたい。

このように新聞協会は、①再販制度廃止を規制緩和策の対象にしたこと自体がそもそもの誤りで、と公取委自体の政策そのものを切り捨て、②今回の結論で再販論議に終止符が打たれた、と結論した。③「再販制度と読者の利益を結びつけながら」というだけで、弾力運用には一切触れていない。

米国の要求どおりに日本政府が再販制度の廃止まで持って行けなかったのは、さまざまな反対運動の成果であるが、新聞協会の渡邉恒雄の豪腕も大きな理由の一つであった。このことは、当時担当者であった公取委の和泉沢課長の回想話の端々にも窺える。

一方、出版四団体は、「私どもは、その文化的使命を自覚し、制度の弾力的運用と流通の改善に努め、読者の期待に応えるよういっそう努力する所存であります」と述べ、公取委に対し弾力運用を推進していくことを約束した。弱腰ともいえる対応である。新聞協会と出版四団体の当面存置への評価の違いは、現在の消費税軽減税率の対応で、新聞業界が出版業界を置き去りにして、新聞だけ軽減税率を自公与党に認めさせるという行動の遠因ともいえよう。

(3) 再販契約書、「出版物の価格表示等に関する自主基準」などの改定

再販制度の当面存置が決まった直後の二〇〇一年（平成十三年）三月二十九日、出版四団体の出版再販研究委員会と再販特別委員会の合同会は、公取委の指導を受けながら「再販売価格維持契約書ヒナ型」（出版社―取次店間）の改定と「出版物の価格表示等に関する自主基準」及び同「実施要領」の改定を決定、四月一日から実施した。

四月一日、独禁法一部改正法が施行され、第二十四条の二（再販売価格維持契約）が第二十三条に繰り上げられた。これ以降は第二十三条が用いられることになる。

合意が遅れた取次―小売間契約書は、出版再販研究委員会で議論され、〇二年一月、契約書ヒナ型と同覚書、出版社―取次店間の覚書を決定、〇二年三月から新契約書に移行することになった。各取次会社は「再販売価格維持契約書・覚書（取次―小売店）についてのご案内」とともに契約書・覚書（ヒ

ナ型）を全国二万七〇〇〇の書店に送付し、現行契約書を新契約書に代替することを通知した。また五月には出版再販研究委員会が出版社—取次店間契約書・覚書（ヒナ型）を三〇〇〇社の出版社・取次店に送付し、周知をはかった。

当面存置されたのであるから、旧契約書と大きな変化はないはずであるが、いくつかの点が変わった。

前文は旧契約書では出版社を甲とし、取次店を乙として、「甲と乙は、次のとおり約定する」だけであったが、新契約書では「再販出版物とともに非再販出版物の取引もあり、両出版物の扱いが混同され、読者に誤認を生むことのないよう相互に誠意を持って協力する」が加わり、再販出版物と非再販出版物の取引が生じることが強調された。

再販契約が適用されないケースとして、従来の①時限再販品、②定期刊行物・継続出版物で出版社が認めた前金払いまたは一時払いの割引に加え、あらたに③大量一括購入の割引、④その他謝恩価格本等の割引が認められることになった。再販契約が適用されないケースが拡大されたのは、出版社などもっぱら業界側の都合といえる。また、時限再販にする書籍等の取次店への文書通知義務が不要になった。

また旧契約書「第五条　甲と乙は、再販売価格維持出版物について、定価が維持されるよう誠意をもって相互に協力するものとする」が削除され、業界三者（出版社、取次、書店）の再販制度維持の誠意協力条項がなくなった。それにともない「第七条　甲及び乙は、この違約違反の事実の認定及び違反に対する措置に関して意見に相違がある場合には、再販売価格維持契約委員会に助言を求めることができる」との条項が削除された。契約違反があり、出版社の制裁措置やそれについて意見対立が発生した場合に、業界団体の再販売価格維持契約委員会に問題を持ち込むことができなくなったのである。

こうして再販契約をめぐる紛争の解決は、業界的な調整を当事者間に委ねることとなった。このことは、例えば大取次店が再販契約違反をしても小出版社では文句もいえないという、経済的力関係の支配を容認することを意味するのである。「再販売価格維持契約委員会に助言を求められる」という条項がなくなったことは、公取委が再販売価格維持契約委員会の影響力と力を骨抜きにしたことを意味している。

新再販契約書では覚書が交わされた。バーゲンブックなどで時限再販をする場合のルールと割引販売のルールが定められている。

まず覚書1では、再販商品をバーゲンブックなどで時限再販にする場合の定価表示の変更は「出版物の価格表示等に関する自主基準」及び同「実施要領」にもとづいて行うことが定められている。定価の抹消は「一定の様式による証票の添付」、つまりシールでもよいことになり、同一の本がバーゲンでも定価でも売れるという、販元に都合のよい規定になった。また定価表示の抹消や割引販売については、「事前に出版業界紙等に広報活動を行う」（覚書3）とした。

新契約書の「その他謝恩価格本等」は、出版社主催による「再販出版物の書目・期間および場所限定の割引販売を意味している」（覚書4）ことが確認された。

また「謝恩価格本販売実施の際、それに参加しない小売業者に明らかな損害が生じた場合、乙（取次）は甲（出版社）と速やかに協議の上、小売業者の損害回避のため返品入帳等の承諾を得るものとする」（覚書3）ことも確認されている（再販契約書、同覚書『二〇〇二年出版流通白書――再販制度弾力運用レポートV』出版流通改善協議会、二〇〇二年十二月、一二六～一二九頁）。

弾力運用を推進したい出版社の意志が反映された内容で、書店の抵抗が窺われる。

二〇〇一年（平成十三年）四月六日、書協・雑協が出版会館で「再販問題会員説明会」を開き、再販制見直しの経緯と公取委が三月二十三日に発表した「著作物再販制度の取扱いについて」の結論を報告した。


菊池委員（出版再販研究会＝引用者）は「今後再販を維持する条件として弾力運用拡大の要請がある。一定程度拡大する必要があると認識している。絶版に移行する直前のものを工夫すれば書店のマルBに並べられるのではないか。出版社が再販制度維持の明確な意思を持っていれば、制度は崩れない」と強調。弾力運用が進まない場合、公取委の行政指導でCDのように二年後に自動的に非再販にすることも可能だとし、各社ごとに弾力化の積極的取り組みを求めた。

このあと、出版流通改善協議会大竹靖夫委員（小学館）が『再販制度弾力運用の手引き』をもとに、部分再販、時限再販の実例と、新しく改定した「価格表示自主基準」「同実施要領」「再販契約書ヒナ型」について説明。
出版社が非再販商品にする場合、取次、小売に対する通知義務が削除されたこと、適当な罫線を引くことで押印に代えることが可能になったことなど、非再販化を簡素化する手続きがとられたことを報告した。(『全国書店新聞』二〇〇一年四月十一日号)
さらに、これらの内容をまとめた『再販制度　弾力運用の手引き』改訂版が、二〇〇二年(平成十四年)十二月に独立した冊子として刊行された。

第Ⅱ章　ポイントカード戦争

第1節　弾力運用からポイントカードへ

（1）再販制を守るための弾力運用

このように著作物再販適用除外制度の当面存置が決まると、出版界は、弾力運用を緩めるのかと思われたが、逆に再販制度の存置の条件だとして、むしろ弾力運用に励んだ。

公取委は、「著作物再販制度の取扱いについて」の2項（本書八二頁）に沿って、再販制度の弾力運用などについて意見交換をする場として関係事業者・消費者・学識経験者などを構成員とする著作物再販協議会（座長・石坂悦男法政大学教授）を設置し、十二月四日に第一回の会合を開催した。再販対話の延長ともいえる会合である。公取委としてはいわゆる是正六項目について「一層推進することを提案し、その実施を要請」「これらの方策が実効を挙げているか否かを検証する」場として活用するのが狙いである（公正取引委員会『平成十三年度年次報告』）。第一回会合では、「著作物再販制度の弾力運用に関する関係業界の取組状況について」が報告され、改善すべき点が指摘された。協議会は毎年一回開催され、出版業界からは出版流通改善協議会の相賀昌宏委員長が出席した。

毎年開かれる著作物再販協議会で公取委から注文を付けられると直ちに実行を業界にもとめ、その成果は、四団体で組織する「出版流通改善協議会」がまとめる『出版流通白書――再販制度弾力運用レポート』に発表された。長期購読者の割引にも応じない新聞業界の抵抗に比べると、まったくの丸飲みで、公取委の言うなりといわれても仕方のないものであった。

書協流通委員会（委員長・菊池明郎筑摩書房社長）は「二〇〇一年　出版社提供　春の謝恩価格本フェア」を「再販制度を守るために」という名目で呼びかけ、小学館・講談社など大手二二社が、四月十九日から五月九日までの二十日間、実施した。

十月に同じく書協は「市場に希少な……文庫の謝恩価格本フェア」を呼びかけ、一三社が参加して十月十九日から十一月二十五日まで開催した。

また同じ十月に、筑摩書房が「第一回筑摩書房謝恩価格全集セール」を開催した。買い切りで書店直取引は五・五掛け、取次店五・二掛けの卸し正味であった。

かつて九八年の再販制度廃止の結論の先送りにともなう弾力運用の呼びかけは、それなりの根拠があるように見えた。しかし〇一年の当面存置後の弾力運用・バーゲンブックフェアの呼びかけは、不良在庫を処分したいという出版社の内部事情が垣間見え、あまり説得力のないものであった。

流対協はこうした弾力運用の動きが加速すると、せっかく当面存置された再販制度がなし崩し的に崩壊してしまうのではないかと危惧し、こうした動きを押しとどめる狙いと、公取委の公表文解釈について不明確なところがあるため質問主意書を出すことにした。

（2）小泉内閣総理大臣の答弁書

公正取引委員会は〇一年（平成十三年）三月二十三日「著作物再販制度の取扱いについて」を公表

したが、「当面存置」など、その解釈について明確でない点があるので、出版流通対策協議会（流対協、菊地泰博会長、九一社）はその疑問点を整理し、大脇雅子社民党参議院議員を通じ、「公正取引委員会の『著作物再販制度の取扱いについて』に関する質問主意書」（本書三一一頁資料）を六月二十八日に国会法第七十四条に基づき内閣に提出した。そして七月三十一日に内閣総理大臣小泉純一郎名（小泉内閣は二〇〇一年四月発足）で答弁書（本書三一四頁資料）が送付された。

小泉内閣総理大臣答弁書で明らかになったことを、筆者が当時発表した文章で要約する。

第一は、「取扱いに関する文書」が、公取委が著作物再販制度について「検討を行ってきた結果を取りまとめたものであり、それ自体、法的拘束力を持つものでもなければ、行政処分としての性格を有するものでもない」ことである。これは「平成十年三月三十日の『著作物再販制度の取扱いについて』に対する質問主意書への小渕恵三内閣総理大臣の答弁書」と同じである。公表文の内容に従うかどうかは勝手でお咎めなしということである。出版業界は、公表文を命令のように受け取ったり、やけにお上に弱いところがあるので、改めてこの確認をとれた意味は大きい。

第二に「取扱いに関する文書」で言うところの「当面存置」は、「具体的な期間を想定しているものではなく」「著作物再販制度を廃止することについて国民的合意が形成されたと判断するまでの間」で、時間的な意味ではなく、抽象的・理念的な期間ということである。「弾力運用の状況などをみながら、国民に廃止してもいいという意見が形成されるまで。何年先という具体的なことは言えない」という記者会見での答弁と大差はないが、公取委としては、今回は反対が強く見送ったというのが本音で、決して廃止を断念したわけではないことが改めて明らかになった。

第三は、廃止の判断基準として「今後、著作物の流通実態、事業者における著作物再販制度の運用状況、著作物再販制度の廃止が文化に与える影響等の変化」の三点を指摘したことである。これは、これまでの公取委の各種文書にみられたものを整理したものであるが「取扱いに関する文書」になかった点で、今後の廃止の判断基準として記憶しておきたい。

第四は、国民的合意の判断は「まずは、公正取引委員会において国民各層の意見等を踏まえて判断する」としたことである。公取委の裁量でやりますよと言うことである。

第五は、「著作物再販制度を廃止するためには独占禁止法を改正する必要があり」と初めて正式に表明したことである。「法的安定性の観点から、立法措置によって対応するのが妥当と考えている」（前出小渕答弁書）との答弁に比べて、明確に法改正と言い切った。これまで廃止が法改正ではなく、公取委による著作物の範囲の解釈の変更で可能という考えが出版界では強く、公取委の意向に沿った弾力運用等をやらないと廃止されてしまうという論理が導き出され、再販擁護のための弾力運用という運動が業界を席巻した。しかし、これがいかにミスリードであったかが、改めて明らかになった。

第六は、再販商品の流通の拡大や各種割引制度の導入等による価格設定の多様化の実施の要請を関係事業者が実施しなかった場合「要請は、法的拘束力を持つものではなく、事業者において、当該要請に係る措置を採らなかったとしても、公正取引委員会として直ちに法的措置等を採ることはない」と答弁したことである。これは、強制力はないのだから、命令したりはしませんと言っているわけで、事実上なにもできないのである。出版社は適当でないと思ったらやらなければいいのである。

第七は「お尋ねの割引制度やいわゆるポイントカードの提供が、再販価格維持行為について定めた事業者間の契約に反するかどうかについては、当該事業者間において判断されるべき問題である」としたことである。価格拘束する再販制度と割引制度はもともと相反するものである。したがって再販制度下においては割引制度が無制限に許されるわけはない。無制限となれば制度は意味をなさないからである。著作物再販制度が当面存置することになったことを受け、なお公取委は各種割引制度を要請するというが、どこまでが許されるのか、再販制度に抵触する場合としてどのようなケースを考えているかの質問に対する答えがこれである。公取委は判断を避け、当事者間で勝手に違反かどうか判断してやれというのである。監督官庁として何とも無責任な話だが、公取委が判断しないという以上、今後この点については口出しもしないということを内閣として表明したものといえる。

いま問題になっているポイントカードについても、公取委はあいまいな発言を繰り返してきたが、年初の日書連への回答や糸田省吾公取委員の「実質的値引きで再販契約違反」との発言（三月二十六日）などで割引制度とすでに認めざるをえなくなってきている。今回の答弁書でも、景表法の範疇とは考えておらず、再販契約上の問題と捉えて答弁していて、値引きという認識を改めて、それも公式に明らかにした。しかし、ポイントカードが値引きであっても再販契約に違反するかどうかについては、無責任にも当事者に問題を投げてしまったのである。この間、日書連が再販制度を実質的に崩壊させるものとしてポイントカード問題に精力的に取り組んでおり、流対協としても、ポイントカードは値引きであり、再販契約に違反するものと指摘してきたところであり、そのサービスの停止を関係各位に求めるものである。各種割引制度も含め、当事者間で判断しろと言っている今こそ、再販制度の存続のために当事者間での話し合いを進めるべきである。

最後に、今後、公取委は著作物再販制度をどのように取り扱っていくのかという点については「競争政策の観点からは著作物再販制度を廃止し、著作物の流通において競争が促進されるべきであると考えており、今後とも著作物再販制度の廃止について国民的合意が得られるよう努力を傾注する」と答弁した。これは公表文と基本的に同じものであった。公取委はやはり諦めてはいないのである。

答弁書は国会法に基づいた議員の質問に行政府が内閣総理大臣名で立法府に対して答弁したものので、法的拘束力のある正式な国の回答である。これ以外のものは非公式なものにすぎず、「業界代表」が公取委とあれこれ対話して聞いた話などとは、その重みが異なるものである。その意味でも答弁書の意義は大きい。

しかし問題は、再販制度を実質崩壊させようという流れが出版業界で依然として強いことだ。とりわけ出版社が問題だ。適用除外再販制度は生産者が小売りに価格拘束する特例を認めているのに、その遵守を要請する側が、ある本を再販にしたり非再販に自由にできるように自主基準を改定したり、身勝手な自由価格本セールを展開すること等は、在庫処分をやりやすくするための生産者の単なるエゴでしかなく、消費者一般の利益にはならない。私たち流対協が危惧していたように、こうした動きは公取委の目論見通り、内部から再販制度を崩壊させてしまうことになるわけで、それを許すことはできない。

（3）書店店頭フェアの中止から出版社直販ネットフェアへ

読者謝恩を目的に一九九八年（平成十年）から二〇〇二年五月まで春と秋の年二回、合計九回実施されてきた書店店頭での「出版社共同企画〈謝恩価格本フェア〉」は、「経費負担が大きい上に、返品率が七〇〜九〇％では参加出版社の拡大も見込めず、継続することが限界になった」（『二〇〇四年出版流通白書――再販制度弾力運用レポートⅧ』出版流通改善協議会、二〇〇四年十二月）ため、〇二年五月に中断した。

そこで、書協会員の出版社は、書店店頭でのフェア展開を諦め、「流通経費、ポスター、ちらし等の広報費をかけないことで出版社の負担を多少緩和する、インターネットのサイト『出版社共同企画――謝恩価格本ネット販売フェア』を開設し、直接読者に販売する」ことに切り替え、「謝恩価格本フェア」を復活させた。

これが復活したのにはわけがあった。再販制度の当面存置後の二〇〇三年五月三十日から、公取委の呼びかけで、年一回の著作物再販協議会と並行して、公取委、消費者団体、出版業界の三者からなる「再販ラウンドテーブル」がはじまったのである。「読者のための出版流通」をテーマに三者が当面存置された再販制度の役割と弾力的運用や流通改善等について意見交換する場で、筆者も流対協の代表として議論に参加した。

七月八日に開催された第二回会議で、書協の大竹靖夫（小学館）が売上不振で中止となった「謝恩価格本フェア」（期間限定非再販）の総括報告を行ない、新たに「出版社共同企画『期間限定謝恩価格本ネット販売フェア』」を提案した。「再販ラウンドテーブル」で弾力運用への取り組みを具体的に提案することを求められたからである。

従来の「謝恩価格本フェア」はフェア申込書店（場所限定）において期間限定で開催されたが、返品が七〇％を超え、赤字であった。今度はネットフェアに切り替え、全国の読者が注文できるようにし、期間は二カ月で割引率もそれまでの二〇～三〇％引きから一気に三〇～五〇％引きとした。第一回は〇三年十月からで、秋の「読書週間」と春の「こどもの読書週間」を挟んで開催した。しかし出版社直のネットでの割引販売なので、事実上、書店や取次が外されることになった。第一回フェアには小学館・講談社など二四社が参加し、三四〇点が出品され、売上は三二四四冊、三四七万円であった。〇五年四月からの第四回フェアは、参加出版社八〇社、参加点数一一一八点、売上冊数八一五〇冊、売上七五五万七八二一円という最高額を記録した。しかしその後は売上が低迷、参加出版社も出版点数も減り続け今日に至っている（一八九頁参照。『二〇一七年出版再販・流通白書№20』出版流通改善協議会、二〇一七年十二月、一二頁）。書協・雑協自身、九六年の「『論点公開』に対する意見」で「バーゲンブックフェアを通じて、『価格を下げても、売れない本は売れない』ということも痛感した」と述べていたことを忘れたのだろうか。

ともあれ、このフェアの問題点は五割引で売られる本の在庫全体が非再販本となるわけではなく、「書目を限定」していないことだった。一般書店では同時並行で同じ本が再販本として定価販売されているのである。たしかに〇一年の再販契約書の改定で出版社主催の謝恩価格本販売には再販契約が適用されなくなり（第六条）、書目・期間及び場所を限定で行なうこと、などが決められたから、形式上は問題にならない。しかし、これでは一物二価がおき、読者の利益にもならない。

さまざまな形で書店店頭でのバーゲンブックフェアが企画されたが、ほとんどが赤字で頓挫し、出版社が自社サイトで読者謝恩価格セールと銘打って、不良在庫処分のためのほとんどルールのない割引販売を助長するだけとなった。こうした出版社のご都合主義は書店の不信を買うことになる。

第2節　ポイントサービスと景品

（1）新再販制と景品付き販売の分離

バーゲンブックフェアが芳しい成績を収められず行き詰まるなかで、小売書店ではポイントサービスをはじめる書店がでてきた。しかしそれに触れる前に景品付き販売とポイントカードの違いについて触れておこう

小売書店の顧客サービスは原則として自由競争である。独占禁止法第二十三条（再販売価格維持契約）は、出版社が小売書店などと再販契約を締結することにより、出版社が「定価」と表記して出版物の小売価格を拘束する行為を例外的に認めている。それが再販制度である。

既に第一章で触れたように一九七九年（昭和五十四年）、再販制度廃止を目論む公正取引委員会は、現行の新再販制をめぐる攻防のなかで、出版物公正取引協議会（書協、雑協、取協、日書連の出版四団体で構成。会長は下中邦彦・平凡社）に対し次のような五項目を要求してきた。①任意再販、②部分再販、③時限再販、④定価表示、に加え、五項目として「景品付き販売を再販契約書に含めて規制の対象にしているのはおかしい。割引と景品付き販売は本来別のものである。景品付き販売は『不当景品類及び不当表示防止法』（景表法）により規制されるべきである」（前掲『日書連五十五年史』一九四頁）。

八〇年二月十五日の出版物公正取引協議会と公取委の大筋合意で、「再販契約によって景品付き販

売を禁止している点を改め、これに代わる公正競争規約を制定すること」（前書、一九五頁）で合意、この点も取り入れ一九八〇年の新再販制はスタートした。

「日書連は、小売書店における景品の提供を適正なものとするため、八一年九月に『出版物小売業における景品類の提供の制限に関する公正競争規約』の認定と同施行規則の承認を公取委から得て、出版物小売業公正取引協議会（小売公取協）を発足させた」（前掲『日本雑誌協会　日本書籍出版協会50年史』七五頁）。

新再販契約書が発行されると、これにより本の定価販売（再販契約で認められた値引以外の値引きの禁止）と景品による読者サービスとが分離され、書店は自らの判断で、商店街などで催される年末・中元の懸賞付き販売やその他の景品サービスへの参加が可能となった。

(2) 景品表示法上の「景品類」

景品類とその規制については景品表示法に定められている。

景品表示法上の「景品類」については、同法第二条第3項において、「この法律で『景品類』とは、顧客を誘引するための手段として、その方法が直接的であるか間接的であるかを問わず、くじの方法によるかどうかを問わず、事業者が自己の供給する商品又は役務の取引（不動産に関する取引を含む。以下同じ。）に付随して相手方に提供する物品、金銭その他の経済上の利益であつて、内閣総理大臣が指定するものをいう」と定めていて、具体的には次のようなものが「景品類」として指定されている。

●物品及び土地、建物その他の工作物
●金銭、金券、預金証書、当選金付き証票及び公社債、株券、商品券その他の有価証券
●きょう応（映画、演劇、スポーツ、旅行その他の催物等への招待又は優待を含む。）
●便益、労務その他の役務

ただし、正常な商慣習に照らして値引又はアフターサービスと認められる経済上の利益及び正常な商慣習に照らして当該取引に係る商品又は役務に付属すると認められる経済上の利益は含まないこととされています。（消費者庁ＨＰ「景品に関するＱ＆Ａ」Ｑ１のＡ）

景表法上の景品類には、いわゆる「懸賞」によるものと、懸賞によらない景品類の提供、いわゆる総付景品とがある。

「懸賞」とは、抽選やじゃんけんなどの偶然性、クイズなどへの回答の正誤、作品などの優劣の方法によって景品類の提供の相手方又は提供する景品類の価額を定めることをいい、景品類を提供する「懸賞による景品類の提供に関する事項の制限」（昭和五十二年公正取引委員会告示第3号）により提供できる景品類の最高額、総額などが規定されています。（同右、Ｑ３のＡ）

「懸賞」によるものは、商店などの抽選券や商店街の歳末セールの福引きなどが典型的なものである。

一般消費者に対して「懸賞」によらないで提供する景品類は、一般に「総付（そうづけ）景品」などと呼ばれており（「ベタ付き景品」と呼ばれることもあります。）、具体的には、商品又は役務の購入者や来店者に対してもれなく提供する景品類がこれに当たります。また、商品若しくは役務の購入の申込み順又は来店の先着順により提供する景品類も、原則として総付景品に該当します。

（同右、Ｑ５のＡ）

例えば「来店者全員にボールペンをプレゼント」などが「総付景品」に当たる。

しかしこの景表法第二条第３項に基づく景品類の指定には次のような例外規定がある。「不当景品類及び不当表示防止法第二条の規定により景品類及び表示を指定する件」（昭和三十七年公正取引委員会告示第３号）において、先のＱ１と同じであるが、「正常な商慣習に照らして値引又はアフターサービスと認められる経済上の利益及び正常な商慣習に照らして当該取引に係る商品又は役務に付属すると認められる経済上の利益は、含まない」とし、景品の提供とは区別される値引きを明確に規定したのである。

さらに公取委は一九九六年（平成八年）二月、「景品類等の指定の告示の運用基準について」（公正取引委員会、通称「定義告示運用基準」）を改正して、この分かりにくい「ただし書」を分解して値引きについては①「取引通念上妥当と認められる基準に従い、取引の相手方に対し、支払うべき対価を減額すること」または②「金銭の割戻し・キャッシュバック」、③「実質的に同一と認められる商品の付加（複数回の取引を条件とする場合を含む）」と明確化した。

(3) 値引きとしてのポイントサービス

二〇〇九年（平成二十一年）九月に消費者庁が発足すると、景品表示法は公取委から消費者庁の所管に移され、総付景品を含む景品類も消費者庁の所管となり、値引きとしてのポイントサービスは今まで同様、公取委が担当した。

消費者庁は①から③について具体的実例（「景品類等の指定の告示の運用基準について」）で解説している。長い引用となるがお付きあいいただきたい。

6―(3)　次のような場合は、原則として、「正常な商慣習に照らして値引と認められる経済上の利益」に当たる。

ア　取引通念上妥当と認められる基準に従い、取引の相手方に対し、支払うべき対価を減額すること（複数回の取引を条件として対価を減額する場合を含む。）（例「×個以上買う方には、○○円引き」、「背広を買う方には、その場でコート○○％引き」、「×××円お買い上げごとに、次回の買物で○○円の割引」、「×回御利用していただいたら、次回○○円割引」）。

イ　取引通念上妥当と認められる基準に従い、取引の相手方に対し、支払った代金について割戻しをすること（複数回の取引を条件として割り戻す場合を含む。）（例「レシート合計金額の○％割戻し」、

「商品シール○枚ためて送付すれば○○円キャッシュバック」)。

ウ　取引通念上妥当と認められる基準に従い、ある商品又は役務の購入者に対し、同じ対価で、それと同一の商品又は役務を付加して提供すること（実質的に同一の商品又は役務を付加して提供する場合及び複数回の取引を条件として付加して提供する場合を含む（例「CD三枚買ったらもう一枚進呈」、「背広一着買ったらスペアズボン無料」、「コーヒー五回飲んだらコーヒー一杯無料券をサービス」、「クリーニングスタンプ○○個でワイシャツ一枚分をサービス」、「当社便○○マイル搭乗の方に××行航空券進呈」)。ただし、「コーヒー○回飲んだらジュース一杯無料券をサービス」、「ハンバーガーを買ったらフライドポテト無料」等の場合は実質的な同一商品又は役務の付加には当たらない。

書店で行うポイントサービスは、蓄積ポイントを次回の本の購入に際し、支払いの一部に充てるので、このアの対価の減額に当たり、値引きとなる。値引きを原則許さない再販商品では再販契約上問題になる。

ポイントサービスについてのもう少しわかりやすい説明が消費者庁のHP「景品に関するQ&A」にある。前掲のアのポイントサービスであっても、値引きにならないケースを例示している

Q24　ポイントカードによる支払充当は景品類に該当するか

当店では、ポイントカードを発行し、商品の購入者に対し、次回以降の買い物の際に支払いの

一部に充当できるポイントを提供することを考えているのですが、景品規制は適用されるのでしょうか。

A　取引通念上妥当と認められる基準に従い、取引の相手方に対し、支払うべき対価を減額すること又は割り戻すことは、値引と認められる経済上の利益に該当し、景品表示法上の景品類には該当しません。

なお、対価の減額又は割戻しであっても、①懸賞によって減額又は割戻しの相手方を決定する場合、②減額又は割戻しをした金銭の使途を限定する場合（例：旅行費用に充当させる場合）、③同一の企画において景品類の提供とを併せて行う場合（例：取引の相手方に金銭又は招待旅行のいずれかを選択させる場合）は、値引とは認められず景品類に該当することとなり、景品規制が適用されます。

本件においては、当該ポイントが支払いの一部のみに充てられるものであれば、値引と認められる経済上の利益に該当することになります。

つまり、ポイントサービスは顧客側がその時に購入した商品が減額された場合（対価の減額）に限らず、次回購入の商品が減額される場合（割戻し）も「値引」としている。

しかし先の「ただし書き」やQ24「尚書き」（「景品類等の指定の告示の運用基準について」に基づく。）にあるように、景品の商品かポイントサービスかを読者に選ばせる場合などは景品類になる。

同じようなポイントサービスでも取引形態によって景品になったり値引きになったりしてややこしいので、書店でのポイントサービスがどのような形で行われているのかに注意する必要がある。

（4）ポイントサービスへの戦略的対応の欠如

当初、出版物小売業公正取引規約で、①個別懸賞によらない景品類の提供（総付景品）は通年で一％、景品提供の期間制限は年二回六十日ではじまった。同規約は、正式には「出版物小売業における景品類の制限に関する公正競争規約」という長い名称で、公取委が認定するところの書店業界自主基準で、こうした小売業公正取引規約は各業界にある。出版物小売業公正取引協議会が日書連と関係書店によって運営されている。

二〇〇六年（平成十八）五月に小売公取協は、規約等を改正し、①景品提供の期間制限を年二回九十日（それまでは年二回六十日）、②複数回取引の景品提供は通年で二％まで（ただし、施行日から一年間は一％）とした。（前掲『日本雑誌協会。日本書籍出版協会50年史』七五頁）。

ポイントサービス対策を考える場合、再販制度を維持したい出版社の立場からいえば、値引きとしてのポイントサービスは再販契約にない値引として認めず、書店には景品サービスの範囲で対応してもらえば良かったといえる。しかし日書連を除き出版社側には流対協を含めそういう戦略的考えはほとんどなかった。

第3節　ポイントカード反対運動

(1) ポイントカードの広がり

ポイントカードを導入する書店がでてきた。

全国チェーン書店の阪急ブックファーストの東京進出一号店の神田駅前店は、一九九八年(平成十年)の五月の開業時から東京では最も値引き率の高い五%を金券で顧客に割り戻すポイントカードサービスをはじめた。このため同店周辺の競合する中小書店四店も同じ割引率のポイントカードを発行する「神田駅ポイントカード戦争」が勃発し、近隣書店の二店が廃業(前田書林二〇〇二年三月廃業など)に追い込まれた。

ポイントカード戦争を仕掛けた阪急ブックファースト神田駅前店自身もその後二〇〇八年三月撤退、カード戦争を生き残った二書店も結局廃業(いずみ書店二〇一五年三月廃業など)、いまでは神田駅周辺に書店はない。阪急ブックファーストも〇八年ごろから閉店する店舗が増え分社化したが、結局、阪急電鉄系の親会社が売りに出し、一二年にトーハンの子会社となった。

一九九九年春から有隣堂がJR川崎駅ビル店でポイントカードを導入した。

しかし、ポイントサービスの本格化は二〇〇一年以降である。

二〇〇一年三月、公正取引委員会の目論見とは逆に再販制度の当面存置が決まると、公取委は是正六項目（本書六七頁）による行政指導で、再販制度の実質的形骸化を図ろうとした。特に、是正六項目の一つとして「サービス券の提供等小売業者の消費者に対する販売促進手段の確保」などが公取委によって推奨されると、ポイントサービスを実施する書店が目立ってきた。

書籍雑誌の販売をはじめた家電量販店大手のヤマダ電機は、二〇〇一年夏頃から五％のポイントサービスをはじめた。日書連調べでは全国に七六店舗あり、このうち三七店舗で書籍・雑誌を取り扱っていた。

京王電鉄グループの啓文堂書店は、買い上げ金額の一％のポイントサービスを同年十月一日から導入した。

東京都書店商業組合は（二〇〇一年）十月二日に開かれた理事会で各支部が行ったポイントカード実施状況の中間集計を発表した。これによると「十九支部中、九支部から十八件の事例が報告された。このうち、値引き率が最も高いのは、阪急ブックファースト神田店と、周辺四店舗で行われている五％。ヨドバシカメラ、さくらや、ビックカメラなど量販店では書籍・雑誌にも三％の還元が行われている。

理事会に報告された集計によると、ポイントカード実施事例は全部で十八件。内訳はカメラ量販店が六件、百貨店系列が三件、チェーン書店が一件、独立書店系が八件。

このうち、カメラ量販店のカードは「ビッグポイントカード」「さくらやカード」「ヨドバシカメラゴールドポイントカード」と三種類六件で、いずれも三％のキャッシュバック。

百貨店のカードは渋谷パルコ内のリブロで「パルコ発行カード」、池袋西武百貨店内のリブロでは「クラブオンメンバーズカード」。「パルコ発行カード」は、春秋二回パルコ内全店の商品を購入するとカード請求時に五％オフ。「クラブオンメンバーズカード」は全商品二～六％オフ、カードの種類によりポイントのランクがあるという。

阪急ブックファーストは五％の金券を還元。

独立書店系は神田地区・阪急ブックファースト周辺の四店舗を除くと目黒区と北区に各一件、武蔵野に二件あり、還元率は一％から五％まで。

荒川・足立支部からはＴＳＵＴＡＹＡカードの事例が報告されたが、同店はＣＤ、本、ゲーム購入百円ごとに一ポイントを還元、五百ポイントで五百円のクーポンと引き換える仕組み。

集計を発表した岡嶋再販委員長は「ツタヤは全店でポイントカードをやっているはず」と指摘したほか、文京区と江戸川区で区商連のポイントカードがあることなどが報告された。

東京組合では九月四日に小学館、講談社を訪ね、ポイントカード問題をめぐって意見交換を行ったが、当面は二社の対応を見守っていく方針。（『全国書店新聞』二〇〇一年十月十日号）

ポイントカードの導入は、ヤマダ電機、ヨドバシカメラ、さくらや、ビッグカメラなど書籍も一部販売している家電量販店や、阪急や京王といった電鉄系書店チェーンといったアウトサイダーによって本格的に導入され、ポイントの付与も五％といった高率で、営業利益が一％内外の一般書店ではまねのできるものではなかった。ポイントサービスがアウトサイダー系の書店によって広がってゆけば、専業の一般書店としては死活問題となる。

(2) 小泉答弁書とポイントカード

先に触れた二〇〇一年（平成十三年）七月三十一日付の「著作物再販制度の取扱いについて」に関する質問主意書（大脇雅子参議院議員）に対する小泉内閣総理大臣答弁書は次のように述べている。（巻末資料2参照）

質問六、前記割引制度が、著作物再販制度に抵触する場合として、どのようなケースを考えているのか明らかにされたい。また、いわゆるポイントカードは再販契約に抵触するとの見解が一般的であるが、公取委はいかなる見解を有しているのか明らかにされたい。また、抵触しないとの考えならば、いかなる理由によるものか、併せて明らかにされたい。

答弁六、お尋ねの割引制度やいわゆるポイントカードの提供が、再販売価格維持行為について定めた事業者間の契約に反するかどうかについては、当該事業者間において判断されるべき問題である。（略）

当面存置された再販制度のもとでは、再販契約を結び書店に定価販売をさせるかどうかは、出版社の意思で行われ、値引き販売が明らかであれば、値引き販売と出版社が認定・通告し、再販契約にもとづいて値引きを止めさせることができる。ポイントサービスについてもそういう措置がとれるということである。ただ小泉答弁書は、再販契約に違反するかどうかは当事者間で判断しろ、つまり再販価格維持行為ができる出版社が判断すべきと出版社に投げてしまった。

日本書店商業組合連合会（日書連）は全国の書店を代弁して、「値引きを禁じる再販契約に違反する」とポイントカードに反対してきた。ポイントサービスに反対してきた流対協は、日書連の岡嶋再販委員長、下向磐副会長など日書連幹部と話し合いを続け、小泉答弁書の意義、とりわけポイントサービスが再販契約違反するかどうかが「当該事業者間において判断されるべき問題である」としたことを活用すべきと進言した。

流対協はまた書協にもその旨を説明し、出版社としての対応を求めた。しかし、書協はポイントカードに反対しながらも具体的行動には躊躇していた。

（3）日書連の要請行動

本来、ポイントカードを含め再販契約に違反する取次店、小売書店の行為を止めさせることのできるのは、メーカーとしての出版社だけである。再販売価格維持行為を再販契約に基づいて実施させることができるからだ。

日書連は小泉答弁書を後ろ盾にして、出版社に対し、ポイントカードが再販契約に違反する値引きであるので、ポイントカード実施書店に再販契約の遵守を働き掛けるよう要請行動を行なった。日書連は会員が減少傾向であったとはいえ、二〇〇一年当時、約九〇〇〇店弱の加盟店を誇っていた。

日書連の機関紙『全国書店新聞』二〇〇一年（平成十三年）七月二十五日号は、ポイントカードの対応について次のように伝えている。

日書連はポイントカードの対応問題で、現状のまま放置しては業界全体に混乱を招きかねないと、今月中に書協、雑協の有力出版社二十社を訪ね、ポイントカードが実質的な値引き行為にあたるのではないかと「厳正な対応」を求める。

また、ポイントカードの実施状況を調べるため、各都道府県組合に実施状況のアンケートを行うことを七月十九日の理事会で決めた。

〔再販研究〕十九日の理事会でポイントカードの対応について説明した中村委員長は、「ポイントカードに対する出版社の理解を求めたい」として、今月中に正副会長で手分けして出版社を訪問することを明らかにした。

その後、「日書連は十月十六日午後一時から日光の金谷ホテルで移動理事会を開催。（中略）ポイントカードの問題では日書連の働きかけを受け講談社、小学館が近く見解を示すことが報告され、対応

を見守ることにした」（『全国書店新聞』二〇〇一年十月二十四日号）

（4）小学館・講談社がポイントカード反対を声明

二〇〇二年（平成十四年）二月一日、小学館・講談社が、ポイントカードについての見解をそれぞれ発表した。講談社は代表取締役副社長浜田博信名で次のとおり述べた。

雑誌・書籍などの著作物は「独占禁止法」の適用除外に指定されている法定再販品であり、出版社が決めた定価で全国等しく販売されることを大原則にしております。

公正取引委員会等で十年近くにわたり「著作物の再販制度」について、その存廃を含めた様々な議論がなされてきましたが、昨年三月末に「当面存置」との結論になったことはご承知のとおりであります。

公正取引委員会の指摘をまつまでもなく、出版物の流通をさらに改善し、再販制度の弾力運用やサービスの提供によって、読者の便益にかなうよう出版界が努力することは、業界の合意であり義務であると理解しています。

いろいろな読者サービスが考えられますが、昨今一部の小売店で実施されている「ポイントカード」の中にはこれを利用した明らかな値引き販売が行われている例も見られ、当社としては「再販契約上は違反」と認識しております。

そして、このような「値引き販売」は、全国どこでも同一価格で購入できるという再販契約の主旨を損う行為であると考えます。

法定再販が認められている出版物が、「ポイントカード」を利用して値引き販売されることは誠に遺憾であり、再販契約が遵守されることを願っております。（『全国書店新聞』二〇〇二年二月六日号）。

この声明は「誠に遺憾であり、再販契約が遵守されることを願っております」というものであった。「願っております」というだけで、当事者としての自覚と主体性に欠け、再販契約を遵守させる意思の乏しいものであった。小学館も同様の主旨で反対を声明、「出版物の販売に携われる方は、『再販契約書』および同『覚書』を十分に理解されたうえでの営業活動をお願いいたします」と要望していた。

二〇〇二年二月二十五日、流対協はポイントカードに関する声明を発表し、「昨年三月二十六日には糸田省吾公取委員も実質的値引きで再販契約違反と明言している。（中略）ポイントカードを実施している関係者は、ポイントカードが再販制度によって禁じられている小売店による値引き行為であることを認識され、これを中止されるよう」求めた。

しかしポイントカード実施店がサービスを止めることはなく、さらに拡大した。

出版社の指導を求める——

東京都書店商業組合は八月二日に開催した理事会で、書泉が実施しているサマーセールで千円お買い上げごとに五〇円の金券を提供することは「割引類似行為」に当たるのは明白として、講談社、小学館の二社に再販契約に基づく強力な指導を求める方針を打ち出し、二社に代表団を送った。

問題になっているセールは、書泉が七月十九日から八月三十一日まで行っている「2002サマーセール」で、千円お買い上げごとに五〇円のサービス券を進呈しているもの。東京組合は二日の定例理事会で、サービス券提供は「明白な再販契約違反」との認識で一致。書泉グランデ、ブックマート、ブックタワーがある千代田支部、同西葛西店がある江東・江戸川支部の理事に下向磐副理事長、岡嶋成夫再販研究委員長の六名が理事会を中座して講談社、小学館を訪問。再販契約に基づく出版社の指導を求めた。

当初、書泉は同セールについて「公取委に相談して景品規約の範囲内であることを確認の上企画した」としていたが、その後講談社、小学館、流対協などとの話し合いを経て、「値引き販売に該当する結果になってしまい申し訳ない」「今後は景品規約と再販制度を遵守し、値引きに該当する形態を取らない」とする回答文を七月二十三日付で出した。実施中のセールについては懸垂幕、ポスター等の表示期間を八月十九日に終了させるとしている。

大橋信夫千代田支部長は「（回答で）期間を短縮するとは書いてない。セール自体は予定通り八月三十一日まで実施するのではないか」と疑問を示し、「たとえ八月十九日で終了するとしても一カ月までなら実施できる前例になる」として、出版社にしかるべき措置を求める考えを示した。下向副理事長は「再販契約違反を認めて以降も、なおセールを続けるのは許されない。渾身の力を込めて守り抜いた再販制度がこのようなことで崩れていく。怒りの声をあげてほしい」と訴えた。

萬田理事長は「各出版社の対応に温度差がある。一部出版社の逃げの姿勢が既成事実の積み重ねにつながり、再販崩壊をもたらしかねない」と危機感を示し、「再販契約違反については徹底的に追及する姿勢が必要。日書連では中村再販委員長を中心に値引きに類する行為について情報提供を呼びかけている。事例に基づき具体的に話をつめ、早期解決に向けて全力をあげたい」と述べ、再販契約違反には厳しくのぞむ姿勢を明確にした。（『全国書店新聞』二〇〇二年八月十一日号）

書泉のケースは、景品類ではなく、あきらかな割引券で五％値引きであった。

『全国書店新聞』二〇〇二年十月一日号では、出版物小売業公正取引協議会の「影山専務理事は『個々のポイントカードの事例が値引きか景品か公取委と話し合っている』と報告。京王グループ共通ポイントサービスなどの事例について、判断を求めていることを明らかにした」。値引きか景品かは個々のケースを具体的に見ていかないとわからない。わからないまま中止を求めると、的外れになってしまうからだ。

『全国書店新聞』二〇〇二年十月十一日号の〈声・出版社の責任〉は次のように訴えている。

京王電鉄の子会社で京王書籍販売・啓文堂書店の一パーセントのポイントカードの十月一日からの実施中止を申し入れるよう、出版社にお願いしてきたが、九月二十七日の出版再販研究委員会で出版社側委員は、はっきりした態度を示さなかったという。再販制度の権利を行使できるのは出版社だけである。権利には義務が生じる。再販契約書を取り交わし、定価販売を厳守しますとしている書店で値引き販売が実行されている。違反者である当該書店に当然厳罰をもって望むべきところ、注意すらもしない。法治国家の根幹を標榜しているジャーナリズムとして恥じるべきである。出版社各社は今すぐに責任を果たすことを望むものである。

十月二十三日、流対協は「全てのポイントカード実施店にポイントカード中止を求める申し入れ」を改めて発表、十月一日付で、「啓文堂書店ポイントサービスについての申し入れ」を行ない、同サービスの中止を要請した。

日書連の二〇〇二年十月二十四日の倉敷市での移動理事会で経過報告した中村宣勝再販委員長は、「出版社が啓文堂に中止を求めたところ、公取委に確認済みということだった。公取委は資料を渡しただけと説明している。ヤマダ電機の場合も客寄せの値引きは明らか。放置は再販制度の形骸化につながる。契約に沿って、出版社にきちんと処理してもらいたい」と説明した。

日書連では、膠着状態打破のため前日の二十三日に伊従寛顧問弁護士を交え打ち合わせを行ない、まずポイントカード実施店の地元書店から出版社に指導を求める文書を送ること、第二段階として差し止め請求、損害賠償請求も辞さないという方針を提起、移動理事会は、ポイントカード・サービスは「明らかな値引きで再販契約違反」として、出版社に中止の指導を求め、状況次第では差し止め請求、損害賠償請求などの訴訟も辞さない方針を固めた（『全国書店新聞』二〇〇二年十一月一日号）。

(5) 日書連の知恵袋、伊従寛顧問弁護士

日書連は、ポイントカード反対運動を進めるに当たって、伊従寛顧問弁護士を知恵袋にしていた。伊従寛氏は、公正取引委員会事務局長から公正取引委員を経て当時は中央大学法学部教授という、公取委生え抜きの独禁法の専門家であった。一九九六年には『出版再販——書籍・雑誌・新聞の将来は?』（講談社）を上梓している。

『全国書店新聞』二〇〇二（平成十四）年十一月一日号では、「伊従寛顧問弁護士に聞く／ポイントカード実施店への対応策」を掲載していて、興味深いので次に転載する。

——近隣書店がポイントカードを実施するなど、明らかに再販契約に違反する行為を行った場合、違反書店と再販契約を結んでいる取次や出版社、または直接違反書店に対して、どのような対応が可能ですか?

伊従　書店が再販契約を締結したのは、他の書店も同様の再販契約をし、すべての書店が再販契約を遵守すること、出版社・取次が公平かつ一律にすべての書店に再販価格を遵守させることを

前提にしています。

また、出版物の再販契約は独占禁止法二三条により同法の適用除外であって、合法であるので、合法な再販契約の履行を出版社・取次店に求めることは問題ないし、それが拒否されれば訴訟ができます。

ドイツでは、出版社・取次店は再販契約の完全無欠の実施を義務付けられ、出版社と書店との合同の団体が訴訟を行っています。

再販契約に違反して、安売りやポイントカード提供を行っている書店の活動により被害を受けている再販契約遵守書店は、出版社・取次店に損害賠償を請求することができます。この点は平成八年七月十七日の平凡社事件東京高裁判決からも明らかです。

再販契約を遵守していない書店（乙）の活動によって、再販契約を遵守している書店（甲）の活動が妨害され、甲に損害が発生している場合には、甲は乙に対して再販価格の遵守を請求し、また乙の活動によって受けた損害賠償を請求することができます（民法七〇九条──不法行為）。

──ポイントカード実施店に損害賠償請求をする場合、どのような証拠を収集すればよいのでしょう？

伊従　必要なものは、以下の証拠です。
■対象とする契約違反書店の安売りの程度・書店の規模（背景企業を含む）・広告宣伝方法・書籍以外の販売商品と、その割合い、■対象書店で日時を変えて数冊の本を購入し、領収書とポイントカードを受領し、購入書店名・購入日時・購入者名等を記入した書類を作成整理する、■書店内外の宣伝方法の記録、■違反による影響・被害の把握。

——公取委が行政指導として介入して来ないでしょうか?

伊従　再販契約は独占禁止法二十三条4項で適用除外されており、公取委は再販契約自体には介入することはできません。

平成十三年七月の再販契約に対する国会への総理大臣の文書回答は、この点を明らかにしています。

公取委が同法二十三条1項但し書きで再販契約に介入できるのは、■再販契約による異常な高価格設定の場合、■価格設定が出版社のカルテルにより行われた場合、■再販契約の実施が強要された場合など、例外的に消費者の利益を不当に害している場合です。

いかなる関係者に対しても、適用除外されて合法である再販契約と、その実施に関して、総理大臣の文書回答に抵触する指導は行えません。

再販契約に関しては、この総理回答に沿って、当事者間で自主的解決を図り、それで解決ができなければ裁判所に判断を求める以外に方法はありません。

しかし、重要な措置をとった時には、公取委に速やかに報告することが望ましいでしょう。

独禁法などの経済法は、基本的に企業活動と競争のルールを定めた法律で、所管行政官庁はルール違反があった場合に規制するだけです。

法二十三条1項但し書きの弊害規制を拡大して再販契約自体に介入することは一種の政府規制で、独禁法の趣旨にも反します。

これは最近の経済社会のアメリカナイズ化によって、より明確になっています。

行政官庁の介入を求めるのは、市場経済の原則にも反します。

こうした綿密な議論と方針をもとに日書連の戦いは進められた。

(6) 講談社、小学館に続き大手出版社も声明発表

日書連による出版社への働きかけが一段と強まるなか、講談社、小学館に続き、大手出版社もポイントカード反対の声明を相次いで発表した。

『全国書店新聞』二〇〇二年(平成十四年)十一月二十一日号は次のように伝える。

主婦の友社(村松邦彦社長)は十一月十一日、「『再販制度』と『ポイントカード』について」を発表。書店におけるポイントカード・サービスは再販契約違反として、注意を呼びかけた。

また、文藝春秋(白石勝社長)も十一月十四日付で「ポイントカードに関する見解」を公表し、「ポイントカードは値引き行為」であり、遺憾として協力を求めている。

主婦の友社の見解は以下の通り。

「（略）『ポイントカード』については、再販制度の弾力運用の一環として導入された書店さんもありましたが、現行の『ポイントカード』による販売方法は『対価の減額＝値引き行為』と解釈されるケースも多く見受けられるようになり、『再販契約上は違反』と認識せざるを得ません。特に、競合店排除・新規参入阻止につながる場合は、町の書店さんの廃業にもつながり、読者から近隣書店や専門性のある書店を奪うといった結果にもなり、読者利益の確保の面でも弊害になると考えられ、出版物にはなじまない販売方法であると考えます。

出版物の販売にあたられる方は、再販契約が遵守されますように、『再販契約書』および『同覚書』を十分に理解されたうえで、出版物の販売活動に取り組まれますようお願い申し上げます」

これ以降、筑摩書房・東洋経済新報社・集英社・工業調査会が、相次いでポイントカードは再販契約違反の値引きであり、再販契約の遵守を呼びかける見解を発表した。しかしいずれもポイントカードの中止を求めるものではなく、ルールに則った営業活動を「お願い申し上げます」という域をでなかった。再販契約の実施者としての自覚に欠けるお粗末なものであった。

しかし日書連の働きかけは、取次店にも波及した。〇二年十二月下旬、トーハン、日販などの取次店各社は、取引先書店に「再販契約遵守のお願い」を送付した。ここでは日販の「『再販契約』の遵守のお願い」（『日販速報』二〇〇二年十二月二十三日号）を引用する。

弊社では出版社・取次が公正かつ一律にすべての書店様に再販価格を遵守していただくことを前提に「再販契約」を締結しております。

平成十四年三月に再販売価格維持契約書（取次—小売店）をすべての書店様に、又、平成十四年五月に（出版社—取次）をすべての出版社様に対して主旨をご説明しております。

弊社は、再販制度堅持の立場から「ポイントカード」につきましては、以下の通りに認識しています。

○出版物小売業者が、出版物の購入者に対して「ポイントカード」を提供することは、再販契約で規定する〝定価遵守〟の義務に違反する恐れがあります。

○特に、出版物小売業者がポイントカードを提示した顧客に出版物の値引きをすると、再販契約の定価遵守義務に違反します。

従って、このような値引きについては、中止をお願いします。

○「再販売価格維持契約」及び「同覚書」にある〝小売業者独自で行う割引販売行為については、当該出版社の承諾を得るものとする〟の条項を遵守することをお願いします。

この文書は、再販契約書の主旨に則り、ポイントカードは値引きであり、新しい再販契約に違反するとして、値引きの中止を直接、書店に呼びかけたものである。その意味で、画期的であった。

（7）日書連萬田会長の見解

この間の動きを日書連の萬田会長は、インタビューに次のように答えている（『全国書店新聞』二〇〇三年一月一日号）。

――昨年、日書連の取り組みで一番の課題はポイントカードの対応でしたね。

萬田会長　再販契約書が改定された以降の焦点はポイントカードでした。大脇雅子参議院議員の質問状に対する小泉首相の答弁書で、ポイントカードについては再販契約の当事者間で決める問題であることが明確になりました。これを受けて、日書連は中村再販研究委員長が中心になり、民―民契約がはっきりした以上、ポイントカードが値引きであることを確認すること。同時にポイントカードを行っている書店には、版元から再販契約書に基づく措置をとってもらいたいと要望を出しました。その後、昨年夏頃から電気量販店が一般書も置いて、五％のポイント付与を公然と行うようになりました。これは消費者に対する明らかな値引きです。

昨年夏の東北ブロック大会で、違反店の行為は業界に対する反逆だと強く警告しました。現行ポイントカードのほとんどが値引きという認識は出版社も一致しています。ほかにもそういう事例が出て来ましたので、再度、版元への呼びかけを九月以降始め、十一月になると小学館、講談社から「ポイントカード中止のお願い」の文書が直接、量販店、あるいは取次に出され、これを受けた取次が週報などで取引書店に通知しました。

――従来より一段階進んだ対応と考えられますね。

萬田　十月に開かれた倉敷の移動理事会では、われわれが集めた資料や伊従顧問弁護士との検討結果を公表し、大脇議員が引き出した小泉首相の答弁書も書店新聞に掲載して情報開示をしました。

ポイントカードを放置することは再販制度の崩壊を招く。再販制を形骸化するような行為には断固たる措置をとるべきだという日書連の方針を内外に示したわけです。

その後、各県にポイントカードの担当者、日書連にもこの問題の専任者を置いて情報収集することにしました。各県組合からも版元に働きかけをしてもらう狙いです。

――量販店のポイントカードは、収束する方向に向かっているのですか。

萬田　小学館は大手八社に警告書を送りました。期限を付けて回答を求めています。個店に訪問して趣旨説明もしたと聞いています。取次も真剣な対応を進めるように変わってきた。近くその成果は必ずあがってくると思います。多くの出版社が同じような考えを持っていれば、事態は沈静化するでしょう。

――講談社、小学館以外にも書協会員社を中心に多くの出版社が見解を発表していますね。

萬田　専門出版社も、量販店では自社の本が扱われていないと少し腰が引けていましたが、再販を堅持する姿勢が改めて再認識されたのではないでしょうか。

再販制度の弾力化はあくまで時限再販、部分再販であって、書店を通じて全国の読者に同じ適正価格で出版物を提供することが「消費者利益を損なわない」ことだと考えています。

公取委の言う「価格設定等の多様化」は、年間購読者への割引、大量一括購入者への割引が版元の承諾を得て実施されてきています。

(8) 日書連が出版社側の断固とした措置の実行を求める

出版社はポイントカードの中止をお願いする声明を出したものの、警告、違約金の請求、期限付きの取引停止等の措置を具体的に取ろうとはしなかった。取次店の「お願い」もヤマダ電機などのアウトサイダー系書店には効果がなかった。

二〇〇三年（平成十五年）日書連六月理事会は、再販契約上、出版社には警告、違約金の請求、期限付きの取引停止等の措置をとる権限があるにもかかわらず動く気配はなく、各組合は要望書の送付、または直接出版社を訪問し、中止方の要請を強力に働きかけることにした。七月十六日には、日書連東京組合が文藝春秋、東京布井出版、筑摩書房、工業調査会へ、同近畿ブロック代表が講談社、小学館に要請行動を行なった。

この結果、八月一日に出版再販研究委員会の中に少人数によるワーキンググループを設置し、具体的な対策を練ることになった。九月十二日、同二十六日にそれぞれ開かれ、日書連は、ヤマダ電機の場合は送品停止を含めた警告書の段階にきていると判断し、出版社側の断固とした措置の実行を求めた。

九月の日書連理事会では、萬田会長より訴訟も辞さない固い決意のもとに、ポイントカード実施店に警告書を出してもらうよう出版社に求めることを理事会の決議とした。

九月二十六日のワーキンググループでは、出版社側から、ポイントカード実施店への警告は、再販契約書の条文から判断をして各取引取次店が提示すべきであり、出版社は各取次店に対して是正指導のための要望書を提出することにしたとの報告があった。

(9)ポイントカードで日書連徳島宣言／年内決着図ると決議

日書連は二〇〇三年(平成十五年)十月二十三日、徳島で移動理事会を開催。進展の兆しが見えないヤマダ電機のポイントカード対応をめぐって、主要出版社、取次の断固たる決断を促し、年内決着を図れとする徳島宣言を決議した。


十月理事会でポイントカードの対応をめぐって経過報告を行った岡嶋再販研究委員長は、九月二十六日の出版再販研究委員会ワーキンググループの議論を経て、出版社から取次への是正指導要望書、取次からポイントカード実施店への「再販契約遵守のお願い」が準備されている状況を説明。十月二十八日の出版再販研究委員会にもヒナ型が示される見通しを述べ、「これを待って九月理事会で決めた有力出版社三三社へ各県組合から働きかけを行ってほしい」と要望した。

各理事からは「最終段階で出版社が足踏みしているのでは」「ヤマダ電機が巨大なため腰が引

けている」など、出版社の対応を懸念する声が上がった。

これに対して萬田会長は「一昨年夏からポイントカード実施店に対する出版社の指導を繰り返し求めてきた。中止の要望から始まり、再販契約書に基づく措置へと段取りが進み、最終段階。裁判も想定した対応だ。時間はかかったが、十一月に文書が出て、措置が取れるよう、年内解決を目指したい」と、ポイント問題解決に強い意欲を示した。(『全国書店新聞』二〇〇三年十一月一日号)

この日書連十月の徳島理事会では、日書連は、これまで繰り返し出版社に指導を求めた結果、中止の要望から再販契約に基づく措置へと段取りが進み、ようやく最終段階に進んできたことを確認した。

十月二十三日、流対協は、出版再販研究委員会にポイントカード等の業界内の会議の場に流対協を加えるよう申し入れる。

十月二十七日、流対協は日書連と懇談、日書連は出版大手三社にポイントカード実施店への対応をお願いしたと語り、流対協にも協力要請があった。

十一月十日、流対協は菊地会長、高須・久保両副会長、木下郁事務局長らが出版再販研究会の菊池氏、大竹氏らと、ポイントカード問題などについて意見交換した。

五%ポイント実施店を対象に、年内に何らかの措置をとる方向で、再販契約書にもとづき、取次に是正を求める要望書を大手三社がまず提出、改善に応じているところが多いなか、ヤマダ電機などが是正に応じていない。話し合いで解決できなければ、出荷停止も射程に置いていると再販研の菊池氏らは語った。

十一月十四日には、萬田会長、岡嶋委員長名で各都道府県組合に「ポイント付き販売への対応についてのお願い」文書を送付。この結果、東京組合を含め、五七社への要請行動を行なった。この間、講談社、小学館がトーハン、日販、栗田出版販売の取次三社に対し是正指導の要望書を提出していることが明らかになった。その後に筑摩書房からの提出などが報告された。

(10) 流対協も反対を強化

二〇〇三年(平成十五年)十一月二十五日、流対協は「ポイントカードについての声明」を発表。

私ども出版流通対策協議会(以下、流対協)は九二社の出版社が加盟し、再販制度擁護など出版流通の正常な発展のために活動している団体です。

さて、出版界全体の長年の努力の結果、一昨年の三月に「再販制度存置」との結論を得ることができました。

そしてその後、引き続き今日に至るまで出版界全体はポイントカード問題に努力を重ねてきました。ポイントカードは、公正取引委員会も「再販制度違反の値引きに類する行為」とし、また取引の正常なルールを守るために出版社・取次・書店間で締結している「再販売価格維持契約」

に反する行為です。出版界全体の努力の結果、ポイントカードのそれらの問題点が幅広く認識されるようになり、多くのポイントカード実施店で改善の取り組みがなされてきました。それは大いに歓迎すべきことです。しかし一方、未だにポイントカード実施店が散見されることははなはだ遺憾です。

このような事態に鑑み、私たち流対協は以下の点を表明いたします。

①ポイントカード実施店は、直ちにそれを中止すること。

②出版界全体が「再販売価格維持契約」に基づいた適正なルールの遵守を尊重する立場から、本契約違反であるポイントカード実施行為に対して、本契約に基づいた毅然たる態度をとること。

③流対協はそのために最善を尽くす所存であること。

日書連も出版社、取次店への働きかけを強化し、ポイントカード問題も大詰めを迎えた。

十二月十日、東京組合は、書協朝倉理事長（朝倉書店）と雑協浅野理事長（東洋経済新報社）を直接訪問し協力要請を行った。これを受けて翌十一日には両理事長がトーハンを訪れ、小林社長にポイントカード問題是正の要望書を手渡したとの報告があった。こうした動きを受けて、十二月二十六日には萬田、井門正副会長、岡嶋再販研究委員長がトーハン小林社長他幹部を訪問、協力方を要望した。この結果、トーハンは、平成十六年新春第一号の週報において「ポイントカード中止のお願い」文書を発表するとの意志表明があった。

十二月の時点で、各組合の出版社への働きかけは文書送付が二二社、直接訪問が一九社に達していることから、引き続き取次各社に文書を提示されたか否かの確認フォローを要請し、ようやくポイントカード問題解決への第一歩を踏み出したことの確認をした。（『全国書店新聞』二〇〇四年五月十一日号）

二〇〇三年十二月十五日、流対協は、ポイントカードについての申し入れを、各取次店に行なった。


（前略）ポイントカードは、公正取引委員会も「再販制度違反の値引きに類する行為」とみなしている行為であり、また、取引の正常なルールを守るために出版社・取次・書店間で締結している「再販売価格維持契約」に反する行為であることは、既に論を待つまでもないかと存じます。出版界全体のこの間の努力の結果、ポイントカードのそれらの問題点が広く認識されるに至り、多くのポイントカード実施店で改善がなされてきました。しかし、未だにポイントカード実施店が散見されますことははなはだ遺憾といわざるを得ません。ポイントカードを許すならば、再販制度が崩壊することは明らかです。

今日、ポイントカード問題は重大な局面を迎えております。再販制度擁護・取引ルール遵守の要であります貴社が果たされる役割はきわめて多大かと存じます。つきましては以下の諸点を強く申し入れる次第です。
① 昨年、貴社広報誌などを通じてされたように、貴帳合の全書店に対して、ポイントカードが「再販売価格維持契約違反行為」であることを、改めて広く周知させていただきたいこと。
② ポイントカード実施店に対しては、直ちにそれを中止するよう指導していただきたいこと。
③ 指導に応じない書店に対しては、再販売価格維持契約に基づく更なる改善指導をしていただきたいこと。

さらに流対協各社は十二月八日ごろから、日販、トーハンなど各取次店に対し、「再販売価格維持契約遵守に関する要望」(文例以下)を送付した。

謹啓
貴社ますますご隆盛のこととお慶び申し上げます。

さて、いわゆるポイントカードにつきましてはいまだにこれを実施している書店がありますことは、極めて遺憾に存じます。

ポイントカードは、実質的な値引き行為であり、現行再販契約に違反するものと考えざるを得ません。

つきましては、貴社が帖合の該当書店様に、速やかにポイントカードによる販売方法を中止されるよう、ご指導いただきたくお願い申し上げます。

また、ご指導の結果につきましては、誠に勝手ながら一か月以内に文書にてご提出いただきたくお願い申し上げます。

敬具

後は取次店が決断するだけであった。

(11) 取次店が即時中止を要請

出版社、書店の要請を受けて、二〇〇四年（平成十六年）一月には、取次各社がポイント実施書店等にポイントカード中止の申し入れを個別に行なった。

『全国書店新聞』二〇〇四年一月十一日号は「取次週報で中止を要請／ポイントカード、新たな局面に」と次のように報じている。


トーハンは同社で発行している『トーハン週報』一月九・一六日合併号で「ポイントカード中止のお願い」（別掲）を掲載。再販出版物の購入時にポイントを付与することや、たまったポイントで再販出版物の割引きをすることは再販違反として、即時中止するよう呼びかけた。トーハン以外の各社も年明けから『日販週報』『大阪屋週報』『栗田週報』などで実施書店にポイントカードの中止を求めている。

【ポイントカード中止のお願い】

出版業界はこれまで定価販売と委託制度とを両輪として、多様な出版物を比較的容易に刊行できる体制を構築して参りました。またそれにより読者に対し常に多くの出版物のなかから必要な一冊が選択でき、かつ全国どこでも同一内容の商品を同一価格で入手できるという利便性を提供して参りました。

一方国家の文化的、教育的見地から見ても、国民の知的向上を図っていくためには、自由で旺盛な出版活動が保障されていることが重要であります。読者に対し広くあまねく、公平に供給しようとする定価販売と委託制度がこれを保障し、知識や文化の普及・拡大に多大な貢献してきたことは言を待ちません。

先達が生み出し、長年にわたり我々の英知と努力で築き上げてきたこれらの制度は、読者にとって最大の利益を提供する源であり、かつ国家の繁栄と国民の知的向上を支えるかけがえのない仕組みといえます。弊社は将来に渡り出版環境の安定的な発展をめざすため、これらの制度を揺ぎないものとしていくことこそ出版にかかわるものの責務と認識しております。

そのためには再販契約が誠実に遵守されることが重要です。

しかしながら現在実施されているポイントカードシステムの内、割引に類する行為に該当するものは再販契約違反となり、一昨年来出版社各社がその見解を表明されています。

出版業界ではかつて割引行為が横行し、業界全体が疲弊してしまった歴史があります。それは自店のみが割引を行うという、他店の犠牲の上に利益を求める利己的で反規範的行為がもたらした結果です。

弊社はかねてよりこれを放置すれば再販制度崩壊につながると深く憂慮してきました。従って、この間の出版社各社の表明を受け、出版再販研究委員会での研究及び議論の経過を踏まえ、再販契約に則り以下の通りあらためてお願いするものです。

上記にかかわるポイントカードを実施している場合、再販出版物の購入時にポイントを付与する事や、蓄積されたポイントで再販出版物の割引販売をすることのいずれの場合も再販契約違反となり、即時中止をお願いします。

もし中止されない場合は、再販売価格維持契約（取次―書店）第五条により、出版社様が示されている方針に沿って措置を講ずることになります。

尚弊社は今後本件につき、当該お取引先各位とのお話し合いを持たせていただき、当社の考えや再販制度についての充分なご理解を頂戴したいと考えております。

◆尚本件に対するお問い合わせは各営業担当までお願いいたします。

再販売価格維持契約（取次―書店）は、書店が「定価を厳守し、割り引きに類する行為をしないこと」（第三条）や、古書店や新古書店など「再販契約を締結していない小売業者」と取引しないこと（第四条）を約定していて、これに違反した場合は、取次店は書店に対し「警告し、違約金の請求、期限付きの取引停止の措置ができる」(第五条)ことが規定されている。取次店として〇二年十月二日の「お願い」から一歩踏み込んで、「即時中止」と中止しない場合は「再販契約違反」とするとのカードを切ってポイントカードの中止を迫った。

(12) 出版四団体、ポイントカードは値引き

日書連は二〇〇四年(平成十六年)一月二十三日、箱根の「湯本富士屋ホテル」で新年理事会を開催。これまでの状況からさらに強力に出版社、取次各社に働きかけ、三月までに決着をみるよう全力をあげていくことを確認した。岡嶋再販研究委員長は「事実上は五%以上、単独実施しているヤマダ電機を止められるかどうかにかかっている」とし、「いたずらに時間をかけず、完全解決に向けて努力していく」と述べた。また、萬田会長は「取次が文書を発表したことは、違反店への抑止効果もある。取次の今後の対応を身守りたい」と、取次の次の対応が重要という認識を示した。

その後開かれた出版販売新年懇親会の席上、取協小林会長は、「ポイントカードは、率にかかわらず再販違反。出版社と連携をとって適正な運用を図っていく」と、取次の立場を明確にした。その後、取次の方針として、ポイントカード実施店と徹底的な話し合いのもとに指導と中止を求めていくとしながらも、取協の幹部から、この実施が割引に類する行為なのか、業界として法的な検討をしていないし、実態調査も行なっていないなどの発言があった。こうした事態から出版再販研究委員会は、あらためて公取委に対しポイントカード制についての質問状を出し、回答を得ることにした。

この結果、同委員会は二月二十五日付公取委の了承を得た文書であるとして「再販売価格維持契約ヒナ型におけるポイントカード制度の解釈について」を発表、改めて、再販出版物販売におけるポイント還元は、値引きにあたることを確認した。

これを受けて出版再販研究委員会は二〇〇四年三月十一日、「ポイントカードは値引き」とする文書を正式発表、出版四団体のＨＰにも掲載することを確認した。

「ポイントカードは値引き！」

二〇〇四年三月十一日
出版再販研究委員会　委員長 朝倉邦造

平成十三年三月に公正取引委員会より「著作物再販制度」の存置が公表されました。以降、私ども「出版再販研究委員会」あてに、出版社および書店等より「ポイントカードは景品か、あるいは値引きとして再販契約で解釈すべきか」などの問い合わせが多く寄せられるようになりました。

当研究委員会は下記の経緯等からも、〈ポイントカードは値引きと解釈して、再販契約上の問題〉として捉えております。

（記）

二〇〇二年十二月五日　公正取引委員会の公表内容から

「不当な価格表示についての景品表示法上の考え方」の一部改定において、「次回以降の商品購入時に支払うべき対価を減額する」ポイント還元について、「ポイント還元は『取引通念上妥当と認められる基準に従い、取引の相手方に対し、支払うべき対価を減額すること』として、原則として正常な商慣習に照らして値引きと認められる経済上の利益に当たる」としています。

二〇〇三年年四月二十三日　衆議院経済産業委員会
民主党副幹事長　中山義活氏の質問
・ポイントカードは景品か、値引きなのか明らかにしていただきたい。
公正取引委員会　竹島委員長の答弁
・値引きである。景品ではない。値引きであるという扱いを世の中に明らかにさせているところでございます。

出版再販研究委員会がポイントカード制を値引きとする理由は、上記の公正取引委員会の見解にある、ポイント還元を行うポイントカード制が景品類に該当せず、取次―小売間の再販契約書ヒナ型第三条で定める「割引に類する行為」に該当するとの解釈を拠り所としています。

従って当研究委員会では、多くの出版社から出されている「ポイントカードは値引きであり、再販契約に抵触する」との声明も妥当なものと理解しております。

＊上記のポイントカードとは、〈ポイント還元＝対価の減額〉の方法で運用されるカードを意味しており、景品類との引き換え等の選択肢があるものは景品に該当すると考えます。

出版再販研究委員会は、これまでに公正取引委員会がポイントカードについて公表した経緯および内容の詳細をまとめ以下のＨＰに掲載します、ご参照ください。（略）

ポイントカード制に関する「公取委の見解」等の経緯

公正取引委員会のポイントカード制についての解釈は、この数年においても変化が見受けられます。

出版再販研究委員会は、以下〈参考〉の公取委の解釈および公表文から判断して、ポイントカード制が値引きに該当し、取次―小売間で締結した再販契約に抵触する問題があると理解しています。

〈参考〉

二〇〇一年「著作物再販制度の取扱いについて」に関する質問主意書（大脇雅子参議院議員）に対する答弁書（七月三十一日）

質問六、前記割引制度が、著作物再販制度に抵触する場合として、どのようなケースを考えているのか明らかにされたい。また、いわゆるポイントカードは再販契約に抵触するとの見解が一般的であるが、公取委はいかなる見解を有しているのか明らかにされたい。また、抵触しないとの考えならば、いかなる理由によるものか、併せて明らかにされたい。

答弁六、お尋ねの割引制度やいわゆるポイントカードの提供が、再販売価格維持行為について定めた事業者間の契約に反するかどうかについては、当該事業者間において判断されるべき問題である。

二〇〇二年公取委、「不当な価格表示についての景品表示法上の考え方」の一部改正について公表、ポイント還元の解釈の明確化を図る。（十二月五日）。

ポイント還元は、「取引通念上妥当と認められる基準に従い、取引の相手方に対し、支払うべき対価を減額すること」（注）として、原則として正常な商慣習に照らして値引きと認められる経済上の利益に当たり、景品類に該当しない。

（注）「景品類等の指定の告示の運用基準」6（3）ア

二〇〇三年衆議院経済産業委員会（四月二十三日）で、竹島公取委委員長が民主党中山議員のポイントカードの質問へ答弁。

○中山義活委員（民主党副幹事長）　それからもう一つ、最近よくポイントカードというのがありますね、電気屋さんで。このポイントカードというのは景品なのか、それとも値引きなのかよくわからないんですが、この辺についてもちょっと明らかにしていただきたい。
○竹島政府特別補佐人　それから、二つ目のポイントのことでございますが、公取として、これは値引きである、景品ではない、値引きであるという扱いをさせていただいております。また、その旨も世の中に明らかにさせていただいているところでございます。

以上

こうして、ポイントカード反対運動は、書店・出版社・取次店が一丸となり、あと一歩というところまで来ていた。

第Ⅲ章　公正取引委員会の反撃

第1節　公正取引委員会の介入

(1) 取協の規制実施案に公取委が介入

こうして、ポイントカードサービスの中止は、日書連の主導で出版社・取次店・書店という出版業界の総意となり、あとは実施書店が出版社・取次店の要請を受けて中止すれば結着するところまできた。ヤマダ電機については、出版社の要請を受けているので帳合取次のトーハンが出荷停止をすれば結着したといえる。

二〇〇四年（平成十六年）四月、公正取引委員会取引部取引企画課長に野口文雄氏が就任した。五月六日、取次店の業界団体である日本出版取次協会（取協）はポイント規制実施案を作成、違反書店に対して要請をしても中止しない場合は、警告をして二カ月後に出荷停止するとのロードマップを作った。取協の黒澤正雄事務局長は、公取委にこの実施案の了解を求めたが、逆に公取委から実施案の内容が問題と指摘されてしまう。一週間後、取協委員の橋昌利（日販）、大藤耕治（日教販）が公取委に呼ばれ口頭注意を受ける。事業者団体としての共同行為に当たり、独禁法違反のおそれと指摘される。この結果、取協はポイント中止要請を事実上放棄してしまう。取協は公取委にもう少し警戒の目を向けるべきだった。七九年八月に「事業者団体の活動に関する独占禁止法上の指針」を公表していたからだ。

さらに公取委は、六月三十日の第四回著作物再販協議会で、「発行者による再販売価格維持契約の弾力運用について、小売業者の団体等が発行者に対して同契約を厳格に運用するよう圧力をかける行為」は「独占禁止法上問題となる」と指摘した。

著作物再販協議会は、二〇〇一年三月の再販制度の当面存置についての公取委の公表文にもとづき「現行制度の下で可能な限り運用の弾力化等の取組が進められることによって、消費者利益の向上が図られるよう、関係業界に対し、非再販商品の発行・流通の拡大、各種割引制度の導入等による価格設定の多様化等の方策を一層推進することを提案し、その実施を要請する」ための方策を検討するなどの「意見交換をする場」として設置された。公取委の他、出版・新聞・レコードの関係業界、学識経験者、消費者団体の代表などで構成され、二〇〇一年六月、第一回の協議会が開催され、二〇〇四年は四回目となっていた。公取委が関係業界を行政指導する場である。公取委からは山本康孝取引局長、野口文雄取引部取引企画課長が出席していた。

席上、公取委は「再販制度の利用・態様についての発行者の自主性の確保について、各業界で弾力運用に向けた努力がされており、さらに個々の発行者単位でも再販契約の弾力運用が図られている中で、ともすれば小売店の中には、あれは再販契約違反ではないか、厳格に運用すべきとの指摘が出やすい。そのような声が会員から出ると団体としても放っておけないということで取り組んで、場合によっては発行者に対して圧力をかけてしまうということになりかねない。そうすると共同再販の話につながるし、個々の事業者が行っても不公正な取引として独占禁止法上問題となる。十分承知されていると思うが、注意してもらいたい」と発言した（『二〇〇四年出版流通白書』出版流通改善協議会、五四頁）。

また「出版社が、現在、多くの商品について広く行われているようなごく低率のポイントサービスまで禁止する場合は、一般消費者の利益を不当に害するおそれがあることなどを関係者に要請した」（『出版年鑑』二〇〇六年版、出版ニュース社、九七頁）。

日書連によるポイントサービス中止要請行動によって、出版業界全体がポイントサービス中止の方向に動いていくのをみて、これを止めさせるべく圧力をかけたのだ。日書連によるポイントサービス中止の要望の意味を直ちに理解し、出版社が主体的にポイントサービス中止を書店に要請すればすんだものを、出版社の主体的取り組みの弱さを突かれたともいえる。日書連による再三の要請が、公取委から見れば小売組合が再販権者の出版社にポイントサービスを止めさせるよう共同で圧力をかけているると受け取られたのである。

このとき公取委は、「著作物再販対象商品と非対象商品とのセット販売について」も「最近時における再販制度の運用における留意事項について」で触れている。

著作物再販制度の対象商品は、書籍、雑誌、新聞、レコード、それにレコードと機能・効用が同一である音楽用テープ、音楽用CDの六品目に限定されているが、最近、プラモデルと本、雑誌とDVDビデオ、音楽用CDとDVDオーディオなど、再販対象商品と非対象商品がセットで売られるものがみられる。

　このように非対象商品を含めて再販契約の対象とすることは原則として独占禁止法上問題となる。またこうしたセット販売を行うよう、流通の側から要請を受けたということも聞くが、非対象商品を含めて再販対象にしてほしいと流通側から要請を行うことも問題となる。（前掲『二〇〇四年出版流通白書』五三頁）。


公取委はいわゆる複合商品は非再販商品として扱えとはじめて指示したのである。

（2）日書連は各出版社への要請行動を強化

　萬田会長は「今春、取次週報に発表された『ポイントカードは再販違反』という告知は一定の抑止効果があった。取次の報告によれば、ポイントカードを中止した書店が四一社ある」（『全国書店新聞』二〇〇四年七月一日号）

九月三十日、ブックファースト神田駅前店のポイントサービスが終了した。

日書連は、公取委の介入が強まるなか、取次店の方針転換を受けながらも、なお粘り強く出版社の意思確認が必要との立場から大手出版社二〇社を訪問することを決定し、ポイントサービス反対の要請行動を強化した。『全国書店新聞』二〇〇四年（平成十六年）十月十一日号は次のように伝えている。

▼ポイントカード早期解決へ意思明示を／講談社、小学館などに要請

ポイントカードは値引きで再販契約違反との判断が出ているにもかかわらず、依然としてポイントカードによる再販出版物の値引きが止まらず、事態が進展していない。これを打開するため、日書連は十月六日、講談社、小学館、主婦の友社、中央公論新社、東洋経済新報社の五社を訪問し、値引き行為に対する対応を求める要請を行った。日書連訪問団は二グループに分かれ、今西英雄副会長、下向磐理事、長谷川義剛理事の三名が講談社・浜田博信相談役、小学館・相賀昌宏社長、主婦の友社・斎藤民樹取締役、また丸岡義博副会長、岡嶋成夫再販研究委員長、野澤恒雄理事、堀護常任委員の四名が中央公論新社・吉村治販売部長、飯田富美男販売部次長、東洋経済新報社・高橋宏社長、大西良雄取締役営業局長、樋口勇営業局次長兼雑誌販売部長を訪問し、会談をもった。さらに、このあと書店会館で工業調査会・志村幸雄会長とも会談した。

日書連は「ポイントカードによる再販出版物の値引き問題は、再販契約の主体である出版社の判断がすでにくだされているにもかかわらず、長い間膠着状態にある。影響力の大きいヤマダ電機が止めず、小田急、東武など電鉄系が増え、ポイントカードは拡大傾向にある。今の事態は問題であり、停滞している状況を打開するため、出版社は早期解決へ意思を明示してほしい。このまま放置すれば再販が形骸化する恐れがある。契約主体である出版社が自主的にどう判断するかにこの問題の解決はかかっている。一歩踏み出してインパクトのある行動をとってほしい」と、各出版社に要請した。

これに対し、小学館・相賀社長は「ポイントカード問題は解決に向けて一歩ずつ前進している。段階的に収束に向けて努力するやり方がいいのではないか。話し合いをじっくり続け、出版物は再販商品であり、契約に則って是正してほしいと働きかけることが大切。値引きによって何が起きるか、出版業界の我々にはわかる。再販を守ることは業界権益擁護ではない。全国にいっぱい本屋さんがあることで、多くの読者が利益を得ている。日書連が出版社への要請行動を行っているのは意義あること。是非続けてほしい」と述べた。

日書連は十月四日の筑摩書房を皮切りに、六日、十三日、十九日と四日間、計七班に分けて有力出版社二一社を訪問。出版社の理解を求めたほか、十五日には前参議院議員の大脇雅子弁護士を招いて勉強会を行った。同年十月二十一日、日書連は和歌山県・高野山の福智院で移動理事会を開催した。

焦点になっているポイント・カードの対応では、①ポイント・カードは値引きで再販契約違反という認識を出版社と共有する努力を重ねる、②読者に対して著作物再販制度との関連を理解してもらう運動を進める――とする基本方針を再確認した。(中略)

経過報告を行った岡嶋委員長は「訪問した出版社の一部にはポイント・カードの認識が十分でない社もあった」と報告。各委員からも、訪問した出版社の印象について「自社の商品は家電量販店で売っていない、対象にはなっていないという受け止め方に見受けられた」「一生懸命売ろうとしてポイント・カードを付けることにケチをつけたくない雰囲気を感じた」「出版社に再販契約の当事者意識が足りないのではないか」などの報告があった。

さらに「取次からは五二社がポイント・カードの提供をやめたと聞いているが、小田急、東武、阪急と電鉄、百貨店で広がりを見せている」とこれ以上の拡大を懸念する声も上がった。

経過報告を受けた理事会では、事態を打開するため「各地でシンポジウムを開くなど、消費者、世論を巻き込んだ運動が必要ではないか」「新聞に意見広告を出しては」「ポイント・カードに反対では世論の反発を買うだけ」などの意見が相次いだ。

この結果、萬田会長は「出版社訪問は十分な手応えがあったとは言いがたいが、出版業界三者で認識を共有する必要がある。読者へのアピールも検討したい」とまとめ、理事会として意見統一を図った。（『全国書店新聞』二〇〇四年十一月一日号）

この記事から窺われるように、業界幹部の出版社でもポイントカード問題を書店の問題だとして他人事と捉え、再販契約の主体者である自覚に欠けるような社がこの段階でもかなり多くあった。

（3）公取委が出版業界の動きは独禁法違反と警告

二〇〇四年（平成十六年）十月、公取委はポイントサービスに関して出版業界に対して行政指導のかたちで規制に入った。

書店団体が出版社に対しポイントカードの実施を取りやめさせるよう要求する動きが見られたため、公正取引委員会は、関係者に対し以下の点を指摘。

・書店団体が、出版社、取次等に働きかけてポイントサービスを禁止させるようにすれば、独占禁止法第八条に違反するおそれがある。

・出版社が、現在、多くの商品について広く行われているようなごく低率のポイントサービスまで禁止する場合は、一般消費者の利益を不当に害することとなるおそれがある。（「著作物再販制度に関する最近一年間における公正取引員会等の動きについて　第五回著作物再販協議会資料1」公正取引委員会、二〇〇五年六月十六日）。

まず独禁法第八条違反のおそれを見てみよう。独占禁止法第八条は「事業者団体の禁止行為」を次のように定めている。

第八条　事業者団体は、次の各号のいずれかに該当する行為をしてはならない。
一　一定の取引分野における競争を実質的に制限すること。
二　第六条に規定する国際的協定又は国際的契約をすること。
三　一定の事業分野における現在又は将来の事業者の数を制限すること。
四　構成事業者（事業者団体の構成員である事業者をいう。以下同じ。）の機能又は活動を不当に制限すること。

五　事業者に不公正な取引方法に該当する行為をさせるようにすること。

独禁法第八条は事業者団体がしてはならない禁止行為をこのように定めているが、このどれに違反するおそれがあるのかはあきらかにされていない。第八条の一や五などに該当するのであろうが、こういう漠然とした言い方自体が、ブラフとなり相手に不安と動揺を与えるのである。

そして第八条の「規定に違反する行為があるときは、公正取引委員会は、第八章第二節に規定する手続に従い、事業者団体に対し、当該行為の差止め、当該団体の解散その他当該行為の排除に必要な措置を命ずることができる」（独占禁止法第八条の二）。

二つ目はごく低率のポイントサービスは認めよという点である。独禁法二十三条の但し書きは、「ただし、当該行為が一般消費者の利益を不当に害することとなる場合」には再販売価格維持行為は許されないと定めている。公取委は、ポイントサービスは値引きではあるが、一％程度のごく低率のポイントサービスまで禁止する場合は消費者利益に反し不当であるというのである。

（4）野口発言

既に触れたように公取委は、二〇〇四年（平成十六年）六月の著作物再販協議会などで出版業界のポイントサービス反対運動について、警告を発し、出版業界に行政指導に入った。『文化通信』十一月一日号では、野口公正取引委員会取引企画課長がインタビューに応じ、「再販売価格維持行為は不公正な取引方法で違法だ」「取次や書店の行為は適用除外になっていないので、もし取次や書店が、ましてや団体でポイントサービスを止めさせることを決めたり、出版社に対してやめさせるようにすれば、独禁法違反」と発言。ポイントカードについては「一%とか低率のものまで一切駄目というのは少し行き過ぎ」「ポイントは提供したときが値引き」などと発言した。

出版再販研究委員会は、この野口課長のインタビューについて七項目の質問を提出し、十一月三十日午後三時から書店会館に公正取引委員会野口文雄取引企画課長を招いて、ポイントカード問題で公取委の考え方を質した。

野口課長が質問事項に一項目ずつ回答したあと、委員との間で意見交換が行われた。

野口課長の回答は①ポイントカードについては再販契約で明確に定められていないので出版社の意向に沿う形でやってほしい、②取次がイニシアチブをとってやめさせるとか見解を出せと言えば問題、③現在の一%とか低率のポイントカードまで一切合財駄目ということであれば、消費者利益を不当に害することになる恐れがある——などの考え方を改めて表明した。

これに対し再販研究委員会委員からは「ポイントカードは最初一%で始まっても、率の競争になり、再販価格が崩れるもとになる」「経済的利益だけが消費者利益ではない」などの反論があった。

また、「クレジット会社が低率のポイントをインセンティブで消費者に出すなら、書店が値引きしていることにはならない」という野口課長の説明に、「五%とか一〇%のサービスもある。それでも低率といえるのか」と質問が出て「ずるずるいっていいとは考えていない。中味を見ないとわからない」と苦しい答弁を行う一幕もあった。

また、「近隣の書店や団体がポイントカードをやめさせるとなれば、その行為は独禁法違反」とする野口課長に対して、一方の再販契約当事者である書店が口を出せないのはおかしいとする書店側委員の反論が展開された。出版業界は今後も公取委との話し合いを求め、公取も対応することを約束した。(『全国書店新聞』二〇〇四年十二月十一日号)

このように野口課長と再販研究委員会との話し合いは平行線に終始した。

十二月一日、衆議院経済産業委員会で、再販問題について質疑が行われ、竹島一彦公正取引委員会委員長が「公正取引委員会は、前々から、再販制度に対しては原則に戻すべきである、すなわち適用除外制度は廃止すべきであるという見解」と答弁した。

高山委員(民主党) 例えば、やはり著作物というか、そういうものに文化的だとかそういうことがつくがために再販制度を今認めているわけですけれども、再販制度、独禁法の例外ということであるがために、何か定価販売の慣行みたいな業界がそのままになっちゃっている部分があると思うんですけれども、委員長はこの再販制度について、できれば撤廃したいのかどうなのか、意見を聞かせてください。

○竹島政府特別補佐人　公正取引委員会は、前々から、再販制度に対しては原則に戻すべきである、すなわち、適用除外制度は廃止すべきであるという見解をとってきておりまして、私もそれが筋であるというふうに思っておりますが、これはそういうことを言っているのは公正取引委員会だけぐらいなものでございまして、世の中は、文化であるとかユニバーサルサービスでありますとか等々のことをおっしゃって、再販制度は維持すべきであるというのが日本の国内の世論なわけでございまして、やむを得ず、十三年のときには、公正取引委員会としては、じゃ、当面残さざるを得ないという判断をしているわけでございます。私どもは、そういうことでございますが、基本的スタンスははっきりしております。

それから、それをいいことにほかのことまでカルテルまがいのことをしているとすれば、まことにゆゆしきことだと思います。もしそういうことであれば、ぜひ具体的な情報をいただきたい。（中略）いずれにしても、そういう証拠に基づいて我々は厳正に処理するつもりでございます。

公取委のこの間の本音が見事にでている答弁であった。公取委のこれらの発言に驚いた出版界は、十二月九日、書協・雑協・取協・日書連で構成される出版流通改善協議会の「再販関連」会員説明会に野口課長を招き「再販制度の適切な利用に当たっての留意点」を講演してもらい、真意を問うた。

（5）野口課長の「再販制度の適切な利用に当たっての留意点」

次に要約する野口課長の講演「再販制度の適切な利用に当たっての留意点」は、再販制度の運用についてこの間の公取委の考え方を総括的に述べたもので、出版業界のポイントカード反対運動のターニングポイントになった（『出版ニュース』二〇〇五年一月下旬号）。

1　ポイントは「ポイントの提供時が値引き」で、貯まった「蓄積ポイントの利用は値引きではない」。「ポイントは買った時に付けることと、ポイントを使うという二つの局面がありますが、ポイントは消費者から見れば債権、書店から見れば債務になります。債権を提供する時が値引きであって、債権を行使するときは値引きでも何でもありません」。

2　値引きである「ポイントカードが、再販契約に違反するかどうかは契約当事者間の判断になります。（中略）出版社が判断し、その意を受けて取次会社も対処できる」。

3　「ポイントの一%とかこれに近似のポイントを再販契約のもとで、出版社がそれを止めさせるという場合には、一般消費者の利益を不当に害する場合に関わってくる」（独禁法第二十三条第1項ただし書違反）。

4　「『他社商品販売におけるポイント提供、利用の制限』については、出版社が再販契約に基づいて言う場合であっても、自分の商品についてだけ止めてくれと言えるわけで、他社の商品についてまでは言えない。ポイントカードを実施しているところに対して、ポイントカードシステムを止めろとは言えないのであって、自社の商品は対象外とするようにと言えるということです」。
5　「書店の団体が、ポイントカードの利用を止めさせようと、出版社や取次会社に要請すると、『事業者に不公正な取引方法に該当する行為をさせるようにすること』（独禁法第八条5号）に該当するおそれがあります」。
6　「取次会社が独自にポイントカードを止めさせろとは言えません。例えば、一〇％引き、二〇％引きという即引きであれば再販契約上、明確になっているので言えますが、ポイントカードについては再販契約上明確になっていないので、出版社の意を受けてやってほしいと思います」「取次会社が、出版社に対してポイントカードを止めるよう求めることは、拘束条件付き取引に該当する可能性があります」。
7　「出版社が話し合って、ポイントカード利用中止を一斉に働きかければ、独占禁止法違反のおそれ」がある。出版社が「個々にやることはいいのですが、一緒にやると三条（不当な取引制限）違反のおそれがあります」。
8　クレジット会社が出すポイントは、「例えば書店サイドで負担して通常とは別に特別に出す場合は値引きになる場合もありますが、クレジット会社の計算で行っている場合は（中略）再販契約に違反して値引きしたことにはならない」。
9　書籍・雑誌とＤＶＤ、ＣＤ―ＲＯＭ、玩具類、化粧品など、再販非対象商品とを組み合わせたセット商品、複合出版物は非再販商品なので、定価を付して再販商品とすることはできない。

取次会社がセット商品に「定価」を付するよう出版社に要請することは違法行為を求めるものであって、違法です。日記・手帳も書籍とは言えないので対象外だが微妙なものは相談に応じます。

ゲームソフトは非再販商品。

野口課長は、出版社は、ポイントカードを再販契約違反であると自ら判断し、再販契約に基づいて取次店を通じて小売書店に対し、自社商品のポイントサービスからの除外をもとめることができる。しかしポイントサービスそのものを止めろとは言えない。書店が団体で、あるいは取次店がポイントサービス実施店に止めろといえば独禁法違反のおそれがある。出版社が集団で、ポイントサービスを止めろというのは独禁法違反のおそれがあるといっているのである。

野口発言は出版界に激震を与え、書協・雑協、とりわけ出版再販研究委員会の出版社に動揺と日和見の動きを促した。出版再販研究委員会の出版社委員は、もともと弾力運用派が多く、ポイントカードについても日書連の動きに及び腰で対応していたからだ。「出版社訪問は十分な手応えがあったとは言いがたい」との萬田会長の発言に窺えるように、あと一歩という所で、肝心要の書協の出版社が煮え切らない態度で撤退をはじめた。

(6) ポイントカードに関する萬田日書連会長の見解

二〇〇四年（平成十六年）のポイント反対運動を総括して萬田日書連会長はインタビューで次のよ

うに総括している（『全国書店新聞』二〇〇五年一月一日号）

――ポイントカードの問題は、この一年足踏み状態が続きました。

萬田　昨年一月に取次が週報で「ポイントカード中止のお願い」を行い、ポイントカードは値引きであると通知しました。問題はカメラ・電器量販店が一般書まで扱い出して、五％とか、それ以上のポイントを付けている。当然、これら量販店との交渉を進めると思っていたのに、なかなか進展しない。取次は動いたようですが、同業他社がやめればというだけで、進展はありませんでした。実は一部の取次が公取委に相談してから動こうとした。公取委は待ってましたとばかり、そのあと何回か取次が連絡・呼出しを受けられた。そのため秋口から取次はなりを潜めてしまいました。

私どもは、ポイントカードが値引きなら再販契約上の不法行為に当たるから、やめさせるよう二年半ほど前から出版社に要請してきました。出版社も同じ認識で、取次の通知が生かされるよう期待していました。

そうこうするうち、四月に公取委取引企画課長に就任した野口課長のインタビュー「ポイント阻止要求は独禁法違反」が、文化通信十一月一日号に掲載されました。四団体で構成する出版再販研究委員会は急遽十一月三十日に野口課長と意見交換をしましたが、話し合いは平行線でした。十二月九日の書協・雑協説明会でも野口課長が再び同じような話をしています。

ようやく、ポイントカード問題に筋道がつけられると思っていましたが、野口課長発言で逆転してしまった。野口課長は「今まで公取委がお話していたことと、なんら変わりはありません」と言いますが、事業者団体のガイドラインを持ち出され、契約当事者以外は口もきけないと言う。野口課長の発言は業界に今年最後の激震を与えました。

――野口課長発言の問題点を整理してください。

萬田　十三年六月二十八日付の大脇議員の質問主意書に七月三十一日付で小泉総理の答弁書が出ています。その中では「お尋ねの割引制度やいわゆるポイントカードの提供が、再販売価格維持行為について定めた事業者間の契約に反するかどうかについては、当該事業者間において判断されるべき問題である」と述べています。

公取委が平成十年三月三十一日に示した「著作物再販制度の取扱いについて」という文書の効力を、同年九月に大脇議員が質しています。小渕総理は「独禁法二十四条の二（その後二十三条に繰り上げ）の規定に該当しないと認められる再販売価格維持行為を行った場合には、独禁法十九条等に違反するものとして対処することとなる」と回答しています。

つまり、再販売価格維持行為は、独禁法十九条の不公正な取引方法に違反するものとして処理されていたわけです。ところが、平成十三年三月二十三日付「著作物再販制度の取扱いについて」で、同制度は当面存置の結論を出しました。それ以後十三年七月三十一日の小泉総理の答弁書では「再販契約は当事者間の契約だから、当事者間で判断されるべき問題」と答えている。そこが大きく違う。小泉総理の答弁書は閣議決定で出された文書です。再販契約書のヒナ型は『当面存置』の方針が決まった十三年以降、再販研究委員会が一年以上かけて検討して、公取委も認定したものです。そういう意味で小泉総理の答弁書はきわめて重い。

ところが野口課長は、先のインタビューで、いきなり再販売価格維持行為を不公正な取引方法で違法だと言っている。最初からそう強弁している。

著作物再販制度は指定再販品と違い、独禁法二十三条四項の適用除外で規定された法定再販です。ただ、二十三条一項には「消費者利益を損なってはならない」「事業者の意に反してはならない」と書かれています。それに違反すれば独禁法違反になるわけです。

高値で価格設定して定価をつける行為なら消費者利益を損なうので問題がある。あるいは事業者間で共同でカルテルを結べば独禁法違反です。それを適用除外した著作物再販制度まで「不公正な取引方法」に戻している。民法には契約自由の原則がある。自由意思でゆるやかな契約を交わすことで済むはずのものを、また「不公正な取引方法」に戻してしまった。小渕首相、小泉首相の答弁書から見ても自家撞着です。

歴代の企画取引課長も、山本和史課長は弾力運用について「弾力運用とは時限・部分再販の取り組みと出版主導の各種割引制度（年間予約購読、大量一括購入等）に関することで、小泉総理の答弁書に抵触する指導は行えない」（再販研究委『弾力運用の手引き』）と言っています。

松尾勝課長は「出荷停止は契約を維持するための正当な行為で、独禁法上問題ない」（二〇〇三年十一月十三日、再販ラウンドテーブル第四回）としています。

歴代課長と進めてきた話し合いと、野口課長の話はニュアンスが異なる。一見スジが通っているようだけど、現実と乖離しています。私どもが出版社に要請している内容は、再販契約に基づいて運用をしっかりやっていただくことをお願いしているだけです。再販契約書は合法の契約書ですから、なんら問題ないはずです。

違反書店は自分たちの売上げ促進、誘引効果のためにポイントを出しています。片や再販契約を守っている書店があるのに、そういうことを平気でやらせる。ヤマダ電機は標準価格を高く設定して、見せかけの価格から一五％引き、二〇％引きし、不当表示で勧告を受けたことがあります。公取委に「ポイントカードは値引きだと思わない。買ってポイントが増えた時が値引きではなく、引き換えた時に経理処理すればいい」と言ったそうです。

デパート等ではポイントの付与は将来の債務だと、発行したときに経理処理しています。ヤマダ電機はそれを先延ばししています。不当表示では摘発していながら、おとり行為のポイントカードは野放しです。

一方、取次は取引先を変えられないようヤマダ電機に継続的に商品供給してきた。これが結果的に一般書まで広がった。出版社は自社の本がヤマダ電機に並んでいるかどうか知らない。取次しか把握していません。公取委は出版社だけが当事者で、取次や書店は当事者じゃないから関与できないと言う。そこまで言うのはまさに見当違いの不当介入で、規制緩和どころか規制強化につながります。

――出版再販研究委は、どう対応していきますか？

萬田　野口課長との話し合いは今後も継続します。これまでも楢崎部長や山田課長等、歴代の部課長と話を続けてきました。野口課長がいきなりあれもやるな、これもだめというので、私なりにこれまでの資料を読み返しましたが、大筋では間違っていないと思います。野口課長の発言以来、出版業界が手足を縛られ、ものが言えない状態になっているのが心配です。

新しいカード時代を迎え、キャッシュ、クレジット、プリペイドと多種類の機能を持つＩＣカード化の急速な進展が見られます。そこに割引行為も潜んでいる。そういう問題も抱え、少額の業界カードは業界活性化のため検討してみようという声が聞かれます。

――今年は小売公取協の景品提供ルールも見直しが予定されています。

萬田　書店の景品ルールは現行七％、年間六十日の期間制限があります。認可された公正競争規約を持つ団体として、消費者取引課とも忌憚のない意見交換をしていきます。部長裁定が必要になるかもしれませんね。

長い引用になったが、萬田日書連会長の確かな理論武装と断固たる姿勢が、出版再販研究委員会の出版社委員、書協・雑協や各出版社の幹部にあれば、展開は変わっていたに違いない。しかし情勢は急展開する。

（7）公取委が文書で見解

二〇〇五年（平成十七年）一月十八日、公取委は「ポイントサービスについて」と題する文書をまとめ、出版再販研究委員会に示し野口課長が説明した。

1、ポイントサービス

公正取引委員会は、平成十一年十二月に公表した「著作物再販制度下における流通・取引慣行改善等の取組状況等について」の中で、「書店の自主的な判断によりポイントカード制等を用いて、長期にわたり反復して来店する顧客に対してサービスを行うことは、消費者利益に資するものと考えられる」としているところである。

2、書店の団体によるポイントサービス禁止要請

公正取引委員会は、前記公表文の中で、「書店団体等が、ポイントカード制等を実施している書店や出版社にこれを取りやめるよう圧力をかけるような行為があれば、独占禁止法上問題を生ずるものである」としている。

大脇雅子参議院議員提出の質問に対する内閣総理大臣の答弁書（平成十三年七月）の中で「お尋ねの割引制度やいわゆるポイントカードの提供が、再販売価格維持行為について定めた事業者間の契約に反するかどうかについては、当該事業者間において判断されるべき問題である」としているところ、これは、契約違反かどうかについては契約当事者間で判断されるべきということ

を述べたものであって、当然のことながら、独占禁止法上問題がある場合に公正取引委員会が関与しない旨を述べたものではない。

ある書店等が当事者となっている契約について、他の書店又はこれらの団体は契約当事者ではない。書店の団体が、出版社、取次ぎ等に働きかけてポイントサービスを禁止させるようにすれば、独占禁止法上問題となる(独占禁止法八条)。
3、出版社の意を受けない取次ぎの行為
再販契約の適用除外を定めた独占禁止法二十三条では、卸売業者(取次ぎ)が生産者(出版社)の意に反してする行為については、「この限りでない」としている。

ポイントサービスは、通常の意味では「値引き」そのものとはいえないが(例えば、「一〇%値引き」と称して、実際には「一〇%のポイントが付く」ということであれば不当表示のおそれ)、その態様によっては、繰り返し来店する顧客にとって実質的に値引きと同等の効果があり、広い意味では値引きに該当する場合があるものと考えられる。

しかし、現在の再販契約上は、ポイントサービスについての取り扱いは必ずしも明確となっておらず、このような中で、取次ぎが、書店に対しポイントサービスを止めるよう働きかけたり、出版社にポイントサービスを禁止するよう働きかけることは、独占禁止法上問題となる(独占禁止法十九条〔不公正な取引方法の禁止=引用者〕)。
4、出版社の行為

出版社が共同して、ポイントサービスの中止を働きかけることは、前記公表文においても述べているが、独占禁止法上問題となる（独占禁止法三条〔不当な取引制限＝引用者〕、八条）。個別に行う場合であっても、他社商品についてのポイントサービスは制限できない。

ポイントの提供は広い意味で値引きに該当すると考えられるが、蓄積ポイントの利用は、ポイントという債権を支払いに充てたに過ぎず（図書券の利用と同様）、再販売価格の維持に反する値引きとは言えず、これを制限することはできない。

クレジット会社が広くクレジットの利用者を対象に行うポイントサービスについては、通常、書店が値引きしたものとは言えず、制限できない。

また、再販契約の適用除外を定めた独占禁止法二十三条では、「ただし、一般消費者の利益を不当に害することとなる場合は……この限りでない」としている。

公正取引委員会は、前記公表文の中で「書店等によるこれらのポイントカード制等の実施において、出版社が自社の出版物を除外させるなどの行為は、……その制限等の態様によっては、一般消費者の利益を不当に害することとなり、独占禁止法上問題となり得る場合もあると考えられる」としているところであるが、現在、多くの商品について広く行われているようなごく低率のポイントサービスまで禁止する場合には、この点に抵触するおそれがある。

ポイントサービスに関するこの公取委の文書は、野口課長就任以前の公取委の見解と大きく異なるものであった。公取委が持ち出してきた文書（「著作物再販制度下における流通・取引慣行改善等の取組状況等について」）は、再販制度の当面存置が決まった二〇〇一年三月以前の、また小泉内閣答弁書の同七月以前の、一九九九年十二月二十八日のものであった。公取委が再販制度を廃止しようと全力を挙げていたときのものである。引用されている部分も、出版業界についての「取組の評価と課題」の中で述べられているもので、公取委が何か行政指導を行うために政策決定した文言でもない。しかも公取委がいうところの法的拘束力のない単なる公表文すぎない。閣議決定を経た小泉内閣答弁書や国会での公取委の発言など、行政を縛る政府の公式見解とは、そもそも比較できないものである。しかも内容は、その後の経緯を全く踏まえないものであった。

日書連などがこの一連の野口課長の説明に反論すると、「次の話し合いの機会は持てない。再販は今後どういうことになるか分からない」（『全国書店新聞』二〇〇五年二月一日号）と開き直り、これ以上の話し合いを拒否する態度を示した

要するに公取委は、ポイントサービスは消費者利益になる良いことで、書店や取次店、出版社が止めさせようとする行為は独禁法違反だといって脅しているのである。公取委員長発言に図らずも露呈したように、法改正で再販制度を廃止できなかった公取委は、弾力運用で実質的に再販制度を崩壊させようとしたが、出版業界からの指摘でポイントサービスが理論的に値引きと認めざるを得なくなった。ポイントサービス反対運動が盛り上がり、廃止までもう一歩というところまで来た段階で、公取委野口課長がポイントサービス反対運動に細かなさまざまな規制を加え、潰しにかかったのである。

(8) 日書連の孤立と方針転換

しかしこの公取委の脅しは効いた。取次は前年五月にポイント中止のロードマップを取協として公取委にお伺いをするというミスを演じ、これが公取委に問題にされ、まず取次が腰砕けになりポイント中止要請を事実上放棄し、一連の野口発言で書協も腰が退け、日書連が孤立した。

出版再販研究委員会の書協メンバーが、「日書連は強硬すぎる」と日書連の出版社訪問に迷惑顔で話すのを筆者は聞いた。

二〇〇五年(平成十七年)一月二十一日、箱根で行なわれた日書連新年理事会では、引き続き出版社への陳情を行なうなど、早期解決を目指す方針を確認した。しかし、この公取委の公表文を受け一月二十四日に出版再販研究委員会が開催され、出版社幹部は「このまま行けば公取委に独禁法違反で摘発され日書連が解体されてしまう」などと日書連幹部に伝えたという。

「二月に入り事態は変化し、公取委から出版関係者の呼び出しがあり注意を受けていること」(『出版年鑑二〇〇五年版』日書連報告の項、出版ニュース社、八九頁)が明らかになった。

二月八日には出版四団体のトップが非公式に集う「出版サロン会」が開かれた。「出版サロン会」では、「出版・取次関係者から出版社訪問の継続は独禁法違反との指摘があり、得策ではないと伝えられた」(前掲書八九頁)。この話し合いを契機に日書連も、撤退を余儀なくされた。

二月十五日、流対協は、こうした情勢の急変を何とか押しとどめようと、「ポイントカードをただちに中止せよ」との声明を発表した。

再販契約違反書店により被害を受けている書店が、自らないし自ら加盟する書店組合を通じて出版社に窮状を訴え、再販契約遵守を要請することは、緊急避難的な当然の行為といえよう。ところが、公取委は、こうした行為を事業者団体の共同行為と見なすなど、再販契約遵守を履行する行動にあれこれと細かい条件を設け、事実上、違反書店を助けるような言動をしており、どちらに向かって行政指導をしているのか極めて問題といわざるを得ない。

ポイントカードが再販契約遵守書店を脅かしたり、ましてや廃業に追い込むような事態は、これ以上放置できない。ポイントカードが消費者利益とならないことも、書店のつぶし合いに終わったいわゆる「ポイントカード神田書店戦争」をみれば明らかであろう。

再販契約について第一義的責任と権限を有しているのは再販価格決定権を持つ出版社であることは言うまでもない。出版流通対策協議会は、いまこそ全出版社が、ポイントカード中止のため違反書店に断固たる態度をとるよう呼びかけるとともに、出版関係諸団体・関係者がポイントカードは再販契約違反の値引き行為であり、再販制度をなし崩し的に破壊する行為であることを改めて表明することを要請する。

しかし二月十七日の日書連理事会で萬田会長は、〈「一月理事会で出版社訪問の継続、国会議員への働きかけという方針を示したが、準司法・立法権限を持つ公取委に対し具体的な実行はむずかしい。出版社訪問は大手を中心に約三十社に行なっており、これ以上続けることは公取委の指導を超えることになる。新たな出版社訪問は行わない」とする考えを示した。

また、低率のポイントカードに対する考え方では、「中小書店も含め販促手段として検討してはどうかという声があがっている。ＩＣカード化が進み、ＪＲ東日本のスイカとみずほ銀行の提携、百貨店と私鉄の共通ポイントカード化などが計画されている。私鉄だけで四〇〇万人のカード利用者がいることを考えると、低率のポイントカードを一つずつつぶすことは現実的でない。出版業界共通ポイントカードなど、原資を補填できる環境作りも含めて出版業界で導入を研究していってはどうか」と、今後の方針を示した。〉（『全国書店新聞』二〇〇五年二月二十一日号）

「出版サロン会」以降、大きく運動方針を変更せねばならなくなった。日書連がポイントカード問題に対する出版社の考え方を聞くとともに、実施店周辺の書店が困っている実情を訴える行動が、事業者団体のガイドラインに触れる「団体の共同行為として独禁法違反に当たる惧れあり」と、公正取引委員会事務局が指摘したことによる。日書連はこれを受け、同年二月十七日の定例理事会で、「出版社への要請行動の継続」は、総合的に判断して当面行わないことを決定した。（「日本書店商業組合連合会の項」『出版年鑑』二〇〇六年版、八九頁、出版ニュース社）

三月九日、菊池書協流通委員長は、「謝恩価格本ネットフェア」の説明会で「日書連の強硬姿勢は公取委・審査局の立入検査寸前だった」「一月末に公取委経済取引局取引部取引課・山本康孝部長を訪れた際に、審査局が独禁法違反で調査し始めていることを知らされた。立入検査となれば、最悪の場合、排除命令で日書連の解散もありうる。そのうえ低率のポイントカードも認められないなら再販制度なんていらないという世論が形成される恐れもある」と述べた（『新文化』〇五年三月十七日号）。「これを受けて、二月八日に開かれた出版サロン会で、日書連・萬田貴久会長に強硬姿勢を改めるよう働きかけたという」（前掲紙）。再販契約を実行させる主体者である書協が日書連を突き放した様子が赤裸々に語られている。書協にやる気がなければ、日書連も引かざるを得まい。

日書連の方針転換によって、出版業界のポイントカード反対運動は頓挫した。三月には三省堂書店神田本店が一％のポイントサービスを開始した。萬田日書連会長は六月二日の定例理事会で辞任した。

(9) 流対協がポイントカード中止を改めて呼びかけるが……

流対協は、野口発言など一連の公取委の介入でポイントカード反対運動が頓挫したことを受け、出版社が先頭に立って主体的に運動することを呼びかける「ポイントカードの中止を求める闘いの強化」を、二〇〇五年三月二日の第二七回総会で決定した。四月二十八日、流対協は「ポイントカードによる本の販売中止を求める」声明を改めて発表した。

流対協は、一連の野口発言、公取委の介入と反対運動の頓挫を次のように総括した。

▼出版社はポイントカード反対の先頭に立とう

出版流通対策協議会会長・緑風出版代表　高須次郎

ポイントカード問題が風雲急を告げている。ポイントカードがこのまま広がると、再販制度がなし崩し的に崩壊してしまう危険がある。ポイントカード反対運動を中心的に担ってきた日書連の出版社に対する要請行動が独禁法に触れるおそれがあると言って、公正取引委員会の野口取引企画課長が横やりを入れたからだ。日書連は、要請行動を打ち切り、逆に低率のポイントカード導入の論議をはじめ、会長まで辞任してしまった。

しかしこれを書店の問題と捉えているところに現在の出版界の問題がある。ポイントカードが値引きで再販契約違反であるなら、出版社こそが自発的に率先して反対の行動を起こさねばならない。

◎問題の整理のために

出版物は、文化的配慮等から、再販売価格維持行為を独占禁止法によって許されている法定再販商品であり、これに基づき出版社、取次店、書店は再販契約を結び、その遵守を約している。ポイントカードについては、これまで公取委は値引きと判断していた。これについては誰も異論はない。

そして、「ポイントカードの提供が、再販価格維持行為について定めた事業者間の契約に反するかどうかについては、当該事業者間において判断されるべき問題である」（大脇雅子参議院議員の質問主意書に対する〇一年七月三一日付小泉内閣総理大臣の答弁書）として、国は出版社、取次店、書店相互の協議決定にまかせるとした。これは流対協が大脇議員を通じて引き出した成果であった。

これを受け、これまで出版社、取次店、書店の関係当事者は、ポイントカードが再販契約に違反する値引きであることを表明して、再販契約を結んでいる書店がポイントカードを提供することは、①他の再販契約を遵守している書店を一方的に不利な立場に追いこみ、契約を守り法律を守る「正直者が馬鹿をみる」結果となっているだけでなく、甚だしくは被害書店を廃業にまで追い込む、②ポイント率の競争＝値引き競争が結局はポイント還元の原資を出版社の負担に求めることで本の値上げを惹起し、読者の利益＝消費者の利益を侵すことになる、としてその中止を求めてきた。

ところが野口課長は、低率のポイントカードに反対するのは消費者利益に反するとしてこれを容認し、「流通段階の団体等が出版社に働き掛けてポイントカードを止めさせるという行為は、いわゆる共同再販のおそれがあり、適用除外になっていないので問題になる」（書協の〇四年十二月九日「再販関連」会員説明会での発言）などとして圧力をかけ、反対運動の切り崩しを図ってきた。取次はポイント中止ロードマップを取協として公取委にお伺いをするというミスを演じ、これが公取委に問題にされると取次は腰砕けになり、書協も腰が退け、日書連が残された。これが危機的な現状である。

◎野口課長発言の問題点

野口課長は、二つのことを問題にしている。第一に、低率のポイントカードまで止めさせることは「一般消費者の利益を不当に害することになる可能性がある」(文化通信〇四年十一月一日付インタビュー)という点である。

これは、再販制度は消費者利益を不当に害しない限りにおいて許されるという、独禁法二三条ただし書を根拠にした発言である。野口課長は低率が「一パーセントとかその近似のポイント」とし、「ささやかなお楽しみ」まで止めさせるのは、消費者利益を不当に害するおそれがあるという。しかしポイントカードによる値引きは、一度公認してしまえば、堰を切ったように競争がはじまり、高率となるのは必定で、神田書店ポイントカード戦争を引き合いに出すまでもなく、体力のない中小書店が廃業に追い込まれてしまう。そして、ポイントによる値引きが常態化してしまえば、出版物について法定再販を存続させておく根拠そのものがなくなる。本質的には価格拘束を認める再販契約と、値引きであるポイントカードは矛盾する概念であり、法律的にも充分に争える余地はあろう。

もともと小泉内閣答弁書が現在のところ法的強制力のある最上位のものであり、公取委の課長の発言がそれより上位であるはずもない。野口課長は一連の発言を法的強制力のあるものと考えているのであろうか？ 流対協が国・公取委を相手取ったいわゆる消費税定価訴訟の最高裁判決(九八年)は、消費税の表示方法を指示した公取委の公表文に「行政処分性がない」、「法的強制力がない」とし、命令もしてないのに出版界が勝手に従っただけだとして、国に軍配を挙げた。

しかしこの判決は画期的なものであった。野口課長の発言など何の法的強制力もないし、従って損しても知らないよなのだ。法的強制力のある命令を待っても遅くはないのであり、当該事業者間において再販契約違反と判断した以上、粛々としてポイントカードの中止を求めていけばよいのである。

第二は、書店団体としての行為等は独禁法違反でダメで「出版社の意を受けてやってほしい」(同説明会)ということである。しかし、問題は小泉答弁書をどう実施するかであって、「当該事業者間において判断されるべき問題である」の「当該事業者間」が何を指すのかである。野口課長は、個々の出版社、取次店、書店間と解釈して、出版物の範囲も当該出版社の範囲という解釈である。しかし、これは当該事業者間が野口課長の言う通りなのか、当該事業者を代表する当該事業者団体間なのかは判断が分かれ、争えるところだ。

もともと再販契約違反書店により被害を受けている書店が、自らないし自ら加盟する書店組合を通じて出版社に窮状を訴え、契約遵守を要請することは、緊急避難的な当然の行為といえよう。違反書店こそ契約から離脱すべきなのだ。ところが野口課長は、こうした行為を事業者団体の共同行為と見なすなど、契約遵守を求める行動にあれこれと細かい条件を設け、事実上、違反書店を助けるような言動をしているのである。

一方で野口課長は、「ポイントカードをどのように考えるかは出版社の判断ですので、出版社の意向を受けて対処してほしい」「いずれにしても出版社のイニシアチブのもとで、やらないといけない」「出版社が判断してその意を受けて取次会社も対処できる」（同説明会）との発言を繰り返しているのである。つまり出版社が自らの判断でポイントカードを再販契約違反と判断して取次・書店に必要な処置をとるのは問題ないというのだ。

◎問われる書協の責任

野口課長の発言は、いろいろ問題点はあるが、彼の言う通りにしたらポイントカード中止は実現できないだろうか。そんなことはない。個々の出版社が自社出版物について、再販契約違反のポイントカードは中止してくれと要請すれば、実現できないことはないのである。書店も個々に要請を繰り返せばよいのだ。

問題は、再販契約を遵守して本を売っている書店を、「正直者が馬鹿をみる」という状況に追い込んで平然としている出版社の無責任さである。再販契約の主体者としてやはり反省すべきであろう。それ以前に書協などが、野口課長のブラフにもならない発言にただただ従っているのは、業界のリーダーとしての責任を問われても仕方あるまい。書協関係者は公取委が出版再販研究委員会を解散させる、日書連を立ち入り検査する一歩手前だったと業界紙で発言しているが、想像でしかない話だ。富士川の平家の軍勢にも劣ると言うべきか。

◎いまこそ出版社は行動を起こそう

流対協は、去る四月二十八日に加盟社の出版物をポイントサービスから除外するよう、書店・取次店に求める声明を出した。また、読者に本のポイントカードになぜ反対かを理解してもらうために「ポイントカードは読者・消費者の利益になるのでしょうか?」と題するパンフレットを作成し、本に挟み込み出荷し始めた。

さらに五月二十四日付で取次店にも、ポイントサービスからの除外を要望した会員社の出版物についてはポイント実施店に対し早急に除外指導をするようにとの内容の申し入れを行なった。会員社有志もそれぞれに同様の申し込みを始めている。

出版社が個々に自らの本をポイントカード対象から除外するよう取次店を通じて要請することが今もっとも大事だ。これは野口課長も認めている方法だから、文句も言えまい。一社でも多くの出版社がこうした行動に立ち上がれば、ポイントカードの中止も可能となる。

学問・芸術・文化といった知の伝達手段である出版物を、全国あまねく公平に普及してゆくには、再販制度こそが必要と確信しているのであれば、そしてポイントカードが再販制度をなし崩し的に破壊するものと認識しているのなら、今こそ出版社はポイントカード中止に立ち上がるべきではないか。

こうした観点から、まず四月二十八日に加盟社の出版物をポイントサービスから除外するよう、書店・取次店に求める声明を出した。

また筆者が、出版業界紙『新文化』二〇〇五年六月二日号に「いま、改めて〝ポイント反対〟自社出版物の対象除外要請」を寄稿、「出版社はまず行動を」と呼びかけた。

さらに、読者に本のポイントカードになぜ反対かを理解してもらうために「ポイントカードは読者・消費者の利益になるのでしょうか?」と題するパンフレットを一〇万部作成し、本に挟み込み出荷しはじめた。

五月二十四日付で日販、トーハン、大阪屋などの取次店にも、ポイントサービスからの除外を要望した会員社の出版物については、ポイント実施店に対し早急に除外指導をするようにとの内容の申し入れを行なった。

会員社有志もそれぞれに同様の申し込みをはじめた。

いわゆるポイントカードにつきましては未だにこれを実施している書店がありますことは、極めて遺憾に存じます。ポイントカードによる販売行為は、「値引きに類する行為」とされており、再販売価格維持契約違反であることは明白です。同時に、契約遵守されている書店に不利益を与えていることからも、これ以上放置できません。

つきましては、貴社が調査されたポイントカード実施書店で、貴社に要望書を提出した当該社の出版物をポイントサービスの対象から除外されるよう、早急にご指導いただきたくお願い申し上げます。

またご指導の内容、結果につきましては、誠に勝手ながら、一か月以内に文書にて弊社へご報告いただきたくお願い申し上げます。

六月下旬からはじまった取次店からの流対協や申し入れ社への回答は、どの書店のどのポイントサービスか特定してくれれば要望を伝えるというものだった。流対協は現状の報告を取次店に求めたが、調査中ということで協力を得られなかった。取次店はすでにポイントサービスに反対する意志はなくなっていた。

書協や取協が撤退し、日書連が後退せざるを得なくなり、流対協がポイントカード反対を呼びかけても状況は好転しなかった。

第Ⅳ章　再販制度の存置が確定

第1節　弾力運用の実態

(1) 進まぬ弾力運用

一九九八年三月三十一日、公正取引委員会が「著作物再販制度の取扱いについて」で著作物再販制度の存廃の結論を三年程度、先延ばしすると結論した際、消費者利益確保の観点から是正六項目を示し、関係業界にその実施を求めた。是正六項目（本書六七頁参照）には、「円滑・合理的な流通を図るための取引関係の明確化や透明化その他取引慣行上の弊害の是正」などがあるが、ここでは割愛して、①時限再販・部分再販等再販制度の運用の弾力化、②各種の割引制度の導入等価格設定の多様化、③サービス券の提供等小売業者の消費者に対する販売促進手段の確保、について触れる。

公取委は毎年の著作物再販協議会の際に、是正六項目に対する関係業界の取組状況について総括した「著作物再販制度の弾力的運用に関する関係業界の取組状況」を報告している。

二〇〇八年の報告によると、①については、以下のことが取り組みとして取りあげられている。

1　一部の週刊誌（五社八誌）において一定期間後に自動的に非再販商品となる、いわゆる時限再販を導入する取組。（講談社、小学館、集英社、双葉社及び文藝春秋）

2　謝恩価格本やバーゲンブック、在庫僅少本等の在庫書籍等の値引き販売を常時行う取組。

（ブックハウス神保町）

3　出版社が共同でインターネットを利用した期間限定の謝恩価格本フェアを実施し、定価の五〇％引きで販売する取組。（日本書籍出版協会）

4　雑誌とCD－ROM、DVD等をセットにした非再販商品について、定価表示を行っていないか調査を行い、改善要請を行う取組。（日本雑誌協会）

②については報告がないが、二〇〇〇年以降、雑誌愛読月間に年間定期購読料を一括前払いした読者には一カ月分の購読料及び特大号の差額分を割り引くサービスを実施。二〇〇六年は三六社九一誌が参加、約九七〇〇件の定期購読申し込みがあった（同「取組状況」平成十九年）。

③については、書店等が販売促進手段として、ポイントカードを発行して各種サービスを提供することや、顧客の購入動向等をより的確に把握することをサポートするために、書店等に対してポイントカードを発行するためのシステムを提供する取組。（日販 Honya Club）（「二〇〇八年取組報告」）

公取委の報告でもこの程度で、弾力運用はさまざまな形で打ち上げられるが、ポイントカード以外はさほどうまくいっているとはいえない。

(2) バーゲンブックの推移

弾力運用の業界の目玉として一九九八年（平成十年）秋から始まった第一回出版社謝恩価格本フェ

ア（期間限定非再販のテスト販売）は、出版社の「経費負担が大きく、返品率が七〇〜九〇％に上るため継続が困難になり」（前掲『二〇一七年出版再販・流通白書№20』一一頁）、二〇〇二年五月に中断した。二〇〇三年十月から始まった「出版社共同企画『期間限定謝恩価格本ネット販売フェア』」は期間を二カ月に延長し現在も続けられている。

売上等の推移は次頁の表どおりで、第四回（二〇〇五年四月二十日〜六月二十日）の七五五万七八二一円（参加出版社八〇社、一一一八点）をピークに減少を続け、第二六回（二〇一六年四月二十二日〜六月二十三日）は、売上二四三万六五〇二円（参加社一〇一社、一一四三点）であった。総額二〇〇〜三〇〇万、参加出版社一社当たり三万円にも満たない売上では、採算が合うとはとてもいえない。このため秋のフェアは中止になった。

しかしこのフェアの数字は本の商品特性を裏書きしている。それぞれ違う個性を持つ本は、読者が読みたい、必要だと思わなければ、値引きされても買わない。非代替性の高い商品である書籍は価格弾力性が低い商品と言うことである。

このフェアは二〇一七年からは新しい体制で再スタートした。「新しい体制では、仕入れ・清算・返品は大阪屋栗田。読者への販売は楽天ブックスが行うことになった。販売サイトは楽天ブックス内に設置され、デザインなども一新され読者がより検索しやすいサイトをめざした」（前掲『二〇一七年出版再販・流通白書№20』）という。再スタートで売上は一時的に回復している。

■出版社共同企画「期間限定謝恩価格本ネット販売フェア」結果

期　間	参加社数	点数	売上冊数	売上金額(円)
（第 1 回）2003 年 10 月 15 日～ 12 月 15 日	24	340	3,244	3,478,150
（第 2 回）2004 年 04 月 20 日～ 06 月 20 日	52	562	4,994	5,395,908
（第 3 回）2004 年 10 月 15 日～ 12 月 15 日	67	897	7,301	7,113,428
（第 4 回）2005 年 04 月 20 日～ 06 月 20 日	80	1,118	8,150	7,557,821
（第 5 回）2005 年 10 月 12 日～ 12 月 12 日	82	1,200	7,604	7,055,661
（第 6 回）2006 年 04 月 20 日～ 06 月 20 日	93	1,349	7,194	7,557,541
（第 7 回）2006 年 10 月 12 日～ 12 月 12 日	99	1,347	5,918	6,587,892
（第 8 回）2007 年 04 月 12 日～ 06 月 20 日	91	1,471	6,096	6,907,651
（第 9 回）2007 年 10 月 12 日～ 12 月 12 日	107	1,483	6,721	6,748,734
（第 10 回）2008 年 04 月 23 日～ 06 月 23 日	113	1,495	7,784	7,332,022
（第 11 回）2008 年 10 月 15 日～ 12 月 15 日	104	1,298	5,323	5,074,732
（第 12 回）2009 年 04 月 23 日～ 06 月 23 日	101	1,560	5,887	5,556,623
（第 13 回）2009 年 10 月 15 日～ 12 月 15 日	112	1,571	4,339	4,682,374
（第 14 回）2010 年 04 月 23 日～ 06 月 23 日	106	1,111	3,577	4,018,327
（第 15 回）2010 年 10 月 15 日～ 12 月 15 日	105	1,030	3,700	4,153,991
（第 16 回）2011 年 04 月 22 日～ 06 月 22 日	98	955	2,703	3,485,749
（第 17 回）2011 年 10 月 14 日～ 12 月 14 日	97	850	2,764	3,352,131
（第 18 回）2012 年 04 月 20 日～ 06 月 20 日	98	875	2,625	2,954,882
（第 19 回）2012 年 10 月 17 日～ 12 月 17 日	89	822	2,340	2,555,436
（第 20 回）2013 年 04 月 19 日～ 06 月 19 日	86	851	2,750	3,150,971
（第 21 回）2013 年 10 月 16 日～ 12 月 17 日	84	880	2,203	2,235,423
（第 22 回）2014 年 04 月 23 日～ 06 月 24 日	74	738	2,751	3,239,366
（第 23 回）2014 年 10 月 16 日～ 12 月 18 日	104	1,215	1,688	2,143,858
（第 24 回）2015 年 04 月 23 日～ 06 月 24 日	101	994	1,791	2,107,961
（第 25 回）2015 年 10 月 15 日～ 12 月 16 日	106	1,339	1,919	2,667,104
（第 26 回）2016 年 04 月 22 日～ 06 月 23 日	101	1,143	1,900	2,436,502
（第 27 回）2017 年 04 月 21 日～ 06 月 22 日	83	920	6,347	5,894,846

出所：『2017 年出版再販流通白書 No.20』（出版流通改善協議会、2017 年）

(3) ブックハウス神保町

二〇〇五年(平成十七年)十月に、神田神保町の古書店街に小学館グループの昭和図書が経営する、ブックハウス神保町が開店した。この書店の目的は①「出版社共同企画『期間限定謝恩価格本ネット販売フェア』」出品書籍の常設、②自由価格本(バーゲンブック)、部分再販本、③出版物小売店舗でのICタグの実証実験である。そして二年目からは「出版社在庫僅少本」と銘打って五割引のセールをはじめる。

「赤字覚悟」の実験店舗でスタートした「ブックハウス神保町」は、やはり赤字続きで二〇一七年二月に閉店した。

(4) 東京国際ブックフェアの中止

「東京国際ブックフェア」(TIBF)は本の展示や著作権取引などを目的として一九九四年(平成六年)からはじまった。九九年四月の「東京国際ブックフェア'99」(第六回)では、弾力運用の目玉として、期間限定割引販売を実施した。ブックフェア展示出版社は二〇〇社。出展社へのアンケート調査によると、回答社一一五社中、割引販売を行ったのは一〇一社、定価販売のみは一一社であった。

フランクフルト・ブックフェアなど国際的なブックフェアは、版権取引をメインに展開しているが、TIBFでの成績は芳しくなかった。TIBFが開催されるころまでには個々の版権取引は終わっており、何もTIBFに内外の出版社が出店して取引するメリットはなかったという。

また出版社と書店との「商談会」も、当初こそ盛況だったが、書店業界の疲弊で会場を訪れる書店関係者も減り、書店組合が独自の商談会を関西や九州で行なうなど、次第に低迷した。

かくしてTIBFは「ほとんどのブースが在庫一掃セールを目的とした『安売り市』化してしまった」(『ビジネスジャーナル』二〇一二年七月二十六日付)。「不良在庫の一掃セール」「東京バーゲンブックフェア」と揶揄される始末で、それも二〇一六年を最後にTIBF自体が中止になってしまった。バーゲンで本が売れるのなら中止などするはずがないし、ますます隆盛になって然るべきなのだが。

(5) 書店の苛立ちと出版社の反論

出版流通対策協議会(流対協)は、こうした弾力運用は再販制度の事実上の崩壊をもたらすとして反対してきたが、出版社主催の「東京国際ブックフェア」や「謝恩価格本ネット販売フェア」などで在庫処分的な値引き販売を中心とした弾力運用が行われてきた。しかも最近の傾向は、非再販商品にはⒷマークを付けるといった自主ルールさえ緩和して、不況で苦しい出版社がこうした機会を利用して投げ売り的値引き販売をしている。

定価販売を義務づけられた書店などは、苛立たしい思いをしていて、日書連再販研究委員長の岡嶋成夫氏は、こう批判している。

「ネット上でなら半額で新刊書籍の購入が可能、一方、書店を通した注文は『定価販売』という。『一物二価』の最たるものである。しかも、一定の期間が過ぎたら再販定価に戻すという。ご都合主義の時限再販は、業界を混乱させるばかりである。こうしたことがまかり通ってしまうと、『定価』に対する信頼などものの見事に素っ飛んでしまうのではないのか。公取の指導というよりも、『単なる出版社エゴによる在庫一掃セールではないのか』と言っては言い過ぎだろうか」（『二〇〇七年出版流通白書――再販制度弾力運用レポート10』出版流通改善協議会、二〇〇七年十二月）

しかもⒷの押印もせず非再販を示す価格シールも剥がせるようにして、期間終了後は再販商品に戻すというのである。業界の自主基準のルールも無視した、手前勝手なやり方であった。万策尽きてポイントカード反対運動から撤退せざるを得なくなった岡嶋氏の不信と怒りは深い。

これに対し、菊池明郎書協副理事長（筑摩書房、再販研究委員会委員）が再販制度の弾力運用を疑問視する声があがっているとして「謝恩価格本フェアやＴＩＢＦ（東京国際ブックフェア）などすべてを足しても（売り上げは）微々たる金額。それでも、この業界が再販を維持するために弾力運用をやってきたことが著作物再販協議会の場で消費者、学識経験者、公正取引委員会からきちんと評価を受けている。（中略）謝恩価格本フェアはやっと参加出版社が一〇〇社になったが、むしろ今以上の形で続けないと公取委や消費者から弾力運用はどうなったかと言われると思う」と弾力運用についての否定的意見に反論した。

第2節　改めて再販制度の存置が確定

(1) 再販制度と弾力運用

日本書籍出版協会（書協）の首脳は、菊池明郎書協副理事長がいうように、よく「弾力運用をしないと再販制度が廃止される」と二〇〇一年三月の当面存置後もそう発言している。

たとえば相賀昌宏出版流通改善協議会委員長は「再販存置後は、出版業界から弾力運用について積極的にアピールできるようにしなければならないという責任が伴います。選択肢を間違えば将来的に再販制度の存廃が再検討された場合に、困難な対応を迫られることを今から踏まえておかなければなりません」（『二〇〇五年出版流通白書――再販制度弾力運用レポート8』はじめに、出版流通改善協議会、二〇〇五年十二月）と述べている。

二〇〇六年（平成十八年）一月、流対協の三役などが公正取引委員会取引企画課の猪又健夫課長補佐らと懇談した。テーマは、再販制度、ポイントカード、トレーディングスタンプ、複合商品の各問題から取引問題までさまざまであった。

そのなかで一つおもしろい話があった。著作物再販制度の存続と、ポイントカードなどの弾力運用との関係である。流対協側が、弾力運用をしないと再販制度がなくなる、なくされると、出版業界のリーダーらがよくそう言っているが、実際そうなのかと聞いたところ、公取委が言うには、「そんなことはない」というのである。

猪又課長補佐がいうには、業界関係者や学識経験者とともに、国が十年間かけて議論し、二〇〇一年（平成十三年）三月に著作物再販制度を当面存置するとの結論を得た。その結論を五年やそこらで反故にして、見直し作業に入るなどと言うことはあり得ないというのである。

ポイントカードなどの弾力運用がすすんで、事実上、再販制度を維持する意味がなくなった段階で、これを廃止するのではと言う質問に、弾力運用と再販制の存続とは直接関係はない。弾力運用は、他の業界でもやっているような消費者サービスができないかということで、再販制度の範囲内で指導しているにすぎないとの答えであった。（拙稿「出版流通対策協議会の課題」『出版ニュース』二〇〇七年一月下旬号）

このことを筆者が翌二月の流対協機関紙「ほんのひとこと」で「公取委　十年かけたものを五年やそこらで見直すことはない」と書くと話が広がっていった。その年の十二月にはこんなことがあった。

日本書籍出版協会など出版社、取次店、書店などの出版四団体で組織する出版流通改善協議会が開催した「『再販関連』会員説明会」に出てみた。その会で、主催者挨拶に立った相賀昌宏同協議会委員長（小学館社長）が、『出版流通白書――再販制度弾力運用レポート』を九冊も出してきて、出版業界も努力しているので、そろそろこうしたレポートを出さなくても良いように再販制度の存続を約束していただきたいといった旨の要望をした。

公取委の猪又課長補佐は、それに対し、弾力運用は再販制度がなくなるまでやっていただく、続けていただく。そして、発言の最後の方で、取って付けたように、業界の一部に公取委が再販制度をなくそうとしているという話しがあるが、そんなことはない。「(再販)制度は当面見直す予定はない」との発言があった。

閉会の挨拶に立った菊池明郎書協・流通委員会担当副理事長（筑摩書房社長）は、公取委が再販制度をなくさないと約束してくれたことが、「今日、一番の収穫」と締めくくった。猪俣氏は再販制度を「当面、見直す予定はない」と言っただけで、廃止しないと言ったわけではない。むしろ、弾力運用は「再販制度がなくなるまでやっていただく、続けていただく」という発言の方に注意を向けるべきであろう。菊池の締めくくりには、首を傾げた人も多かったはずだ。

当面存置までは、弾力運用をしないと再販制度がなくされるといい、当面存置後は、再販制度が廃止されないように弾力運用をしようと、業界首脳は声高に言ってきたが、どうも、課長補佐の話を聞くとそうではないということになる。再販制度はすぐにはなくさないが、なくすのが当然で、それまでどんどん弾力運用をしてもらう——これが猪又課長補佐の本音だとこの間の話しから筆者は感じた。公取委としては十年かけて廃止を検討したのに、反対論が強く、残念ながら廃止できなかったので、やむなく当面存置することにした。しかし弾力運用などのいわゆる「消費者利益確保」六項目を業界にやらせて、廃止についての国民的合意を形成して、廃止しよう——これが当面存置の声明に滲ませた公取委の本音ではなかったか。弾力運用を際限なくやっていけば、再販制度は事実上なくなったに等しくなる。そうなれば制度そのものを存続させる必要はなくなってしまう。食管制度の骨抜きによって制度を廃止したり、憲法を空洞化して憲法改正を企図する日本の官僚の得意技ともいえよう。

ならば、出版業界としてはどうしたらいいのだろうか。できないものはできないとはっきりと主張し、公取委を説得するくらいのことが必要ではないのか。ところが現状をみていると、公取委の指導に二つ返事で従っているとしか思えないことが多すぎる。公取委に特殊指定廃止を断念させた新聞業界程度の突っ張りもできない。新聞業界の手法を云々する資格などは出版界にはおよそあるまい。業界のなかに弾力運用をやりたい人たちがいるから、ポイントカードも変なことになるのだ。

流対協は、再販制度が出版業界のなかから自壊していくことを恐れる。それで結局、損をするのは読者なのだ。（前掲誌）

（2）内部崩壊を強める再販制度

二〇〇八年（平成二十年）六月十九日に公正取引委員会主催の第八回著作物再販協議会が開催され、高橋公取委取引企画課長は、次のように発言した。

「公正取引委員会の著作物再販適用除外についての考え方でございますが、これは平成十三年に考え方を公表しているところでございまして、この適用除外は廃止するべきであると考えていることには変わりはございません。したがいまして、関係業界におきまして流通、あるいは取引において問題点を是正する取組が著作物再販適用除外の存置の条件になっているという関係にはないということでございます。公正取引委員会としては著作物の再販適用除外を廃止したいと考え続けているということでございます。また、現在、著作物再販適用除外の下にある関係業界における流通・取引慣行の問題は様々であると考えられますので、期待される取組、あるいは必要と考えられる取組も、いわゆる再販に関する契約の弾力的な運用ということに限られるものではないと考えております。いわゆる是正六項目という形で従来から申し上げていますけれども、もちろん再販の弾力化も、そのうちの重要な一つですが、それに限られるものではないということでございます。こうした点につきましても若干誤解があるということで、昨年末（二〇〇七年末＝引用者）に出版業界の方に関しましては御要請を受けまして説明をさせていただいたところでございますけれども、本日は、その他の業界の方もいらっしゃいますので、この場を借りて再度説明をさせていただきたいと思う次第でございます。」

つまり、公取委は改めて①著作物再販制度は廃止すべきであるとした上で、②流通・取引上の弊害是正の取組が再販制度の存置の条件とは関係ない、③再販の弾力化は是正六項目の重要な一つにすぎない、④これらの点について出版業界に誤解があったので再度説明したのだ、というこ

とである。（中略）
公取委の今回の発言は、これまで耳が痛くなるほど聞かされてきた「再販制度を守るために弾力運用が必要」との（書協の）見解を否定し、再販廃止の方針が変わっていないこと、弾力運用が存置の条件ではないことが明らかになった。「誤解がある」とされたのでは、弾力運用を推進してきた業界首脳の面目は丸つぶれと言わざるを得まい。出版社が自己の都合を公取委の意向として弾力運用という値引きを推進し、「定価」への読者の信頼を失わせ、書店の反発を招いたとしか思えない。再販制度は、公取委によってではなく、出版業界自らの手で内部崩壊しつつあるのである。（拙稿「出版界の喫緊の課題にどう対処すべきか」『出版ニュース』二〇〇九年三月下旬号）

(3) 再び存置された再販制度

二〇一一年（平成二十三年）に〇一年の再販制度の当面存置から十年を迎えるに当たって、流対協は公取委に対し再販制度をどうするのか改めて質問することにした。「当面存置」の当面とは省庁用語としては、五年とかということではなく、最低十年くらいを意味すると聞いていたからだ。公取委は著作物再販制度を改めて法改正によって廃止するのか、「当面存置」の当面を取り去って、「永久存置」を認めるのかを聞きたかったからである。また、電子書籍など新たな問題についても全般的に問い質したかった理由もあった。当時、筆者が書いた『出版ニュース』二〇一一年一月上・中旬号から抜粋する。

▼九月三十日の公取委への流対協の申入れ

二〇一〇年九月三十日、流対協は公取委と以下の諸点について口頭で申入れと意見交換を行った。公取委側は、申入れを検討して回答するが、問題が多岐にわたり重大であることから一カ月程度時間を貰いたいと答えた。

一　公取委は電子書籍について非再販商品であると判断しているといわれるが、判断をいつ行ったのか、その理由と根拠はいかなるものか？　またそうした判断の元となる決定、文書等があるなら示してもらいたい。

二　二〇〇五年のポイントカードに関する野口公取委取引企画課長（当時）見解は現在でも変更はないのか？

三　ルミネなどテナントビルがクレジットカード会社と組んで実施している高率のポイントサービスについて、テナント書店に高率の負担を強いている場合は値引き行為になるのではないか。

四　再販商品は「定価」と表記することを定められているにもかかわらず、アマゾンなどのネット書店における再販商品の「価格」「¥」との表記は、消費者をして割引商品と誤認させるものではないか、改めるよう指導すべきではないか。

五　寡占要監視対象取次三社の首位社が返品手数料などを中小零細出版社に求めるのは優越的地位の乱用ではないか。

このときのやり取りで流対協は、一については、音楽用テープ、音楽用ＣＤがレコード盤と「機能・効用が同一」との観点で追加指定された経緯をふまえ、電子書籍もそうすべきであると要求したが、公取委側はこれまで問い合わせなどに対して非再販商品と口頭で話してきた、正式な決定、文書はないと思う、調べて回答すると答えた。

二、三、四も含め正式に回答する。五については審査局へとの話であった。

また、この席上、再販制については、①著作物再販協議会を再開する予定はない、②政官分離の原則で、官として公取委の側から再販制の見直しを提起するつもりはない、との注目すべき発言があった。

▼申入れの理由

こうした申入れを流対協がおこなったのは、次のような理由からだ。

二〇〇九年はグーグルブック検索和解問題に揺れ、二〇一〇年は電子書籍元年と騒がれ、iPadなどさまざまな電子書籍端末や電子書籍が発売された。電子書籍を発売する出版社はどういうわけか当然のように非再販で電子書籍を発売し、紙の書籍の半分程度の価格であった。当然、書店や取次店からこうした動きに危惧の声が上がった。

今回、流対協が公取委に申入れをしたことは、本来、書協やいわゆる業界四団体で構成される出版再販研究委員会などが業界の立場から要求すべきことは要求し、明確化すべき基本的問題であるのに、一向にそうしたことがなされていないためであった。

（中略）

▼同一の機能と効用を持つ代替商品

公取委の当面存置の公表文は、「著作物再販制度の対象となる著作物の範囲については、従来から公正取引員会が解釈・運用してきた六品目（書籍・雑誌、新聞及びレコード盤・音楽用テープ・音楽用ＣＤ）に限ることとする。」ことも明らかにした。

レコード関係については、九二年四月十五日、公取委は（中略）「指定商品の見直しについて」（三九頁）と併せて「レコード盤、音楽用テープ及び音楽用ＣＤの再販適用除外の取扱いに関する公正取引委員会の見解」を公表、音楽用ＣＤは、立法措置によりその取扱いが明確にされるまでの間、当面、レコード盤に準じて取り扱われることになった。

レコード業界は、昭和五十七年頃から音楽用ＣＤの発売が始まり、これらを「音楽用ＣＤはレコード盤の代替商品であり、その延長線上にあると認識されてきた側面もあることは否定できない」（公正取引委員会年次報告平成四年度）との観点から、追加指定が行われたのである。

この時点での公取委の政策について伊従寛（元公取委事務局長）は『出版再販――書籍・雑誌・新聞の将来は？』（講談社、一九九六年刊）で、「『著作物』に、レコード盤と音楽用ＣＤおよび今後あらわれる情報媒体をふくむ新商品がふくまれるか否かであり、著作物の範囲を立法措置によって明確化し限定すること」が必要との判断であったと評価している。

ここで確認しておくべきことは、技術革新によって、音楽の著作物の伝達媒体が変化することに応じて、同一の機能と効用を持つ代替商品として音楽用ＣＤの追加指定が行われたという事実である。

▼電子書籍は再販商品ではないと公取委が回答

二〇一〇年十一月二十九日、公取委は流対協に対し、先の申入れの回答をした。席上、池田卓郎取引企画課課長補佐は、①電子書籍は再販商品としては認められない、②これまで個別の問い合わせにその旨を述べたことはあるが、流対協の質問を踏まえ、公取委のＨＰの「よくある質問コーナー」に次の通り電子書籍について一項目をつけ加えたと述べた。

「Q14　電子書籍は，著作物再販適用除外制度の対象となりますか。

A．著作物再販適用除外制度は，昭和二十八年の独占禁止法改正により導入された制度ですが、制度導入当時の書籍、雑誌、新聞及びレコード盤の定価販売の慣行を追認する趣旨で導入されたものです。そして、その後、音楽用テープ及び音楽用ＣＤについては、レコード盤とその機能・効用が同一であることからレコード盤に準ずるものとして取り扱い、これら六品目に限定して著作物再販適用除外制度の対象とすることとしているところです。

また、著作物再販適用除外制度は、独占禁止法の規定上、『物』を対象としています。一方、ネットワークを通じて配信される電子書籍は、『物』ではなく、情報として流通します。

したがって、電子書籍は、著作物再販適用除外制度の対象とはなりません」

この問題についての公取委の見解としては、音楽配信に関連する国会質問に対して山木康孝公取委取引部長の答弁があるとして、流対協に「平成十六年十二月一日の衆議院経済産業委員会議事録」を示した。

「音楽配信におきまして、メーカー自身が、つまり、例えばソニー・ミュージックが自社のウエブサイトで音楽を配信するときに、例えば一曲百円、一曲二百円とすることにつきましては、当然それは、自社の販売価格を自分で決めるというのは当然のことでございますので、独占禁止法上の問題は通常は生じないということでございます」

「一方、だれかの事業者、配信業者を通じて自分の持っている楽曲を配信するといった場合（価格拘束を行うということ＝筆者）には、その配信業者の価格を例えば一曲百円にするとか二百円にする、そういう制限につきましては、いわば再販的な行為でございますので、それは独占禁止法上、二十三条四項の再販売価格維持の適用除外制度にはならないわけでございます。つまり、二十三条四項は、形状のあるもの、物理的な形のあるもの、音楽でありますと、CDという形で物として流通する場合には適用除外しているわけでございますけれども、情報としての流通については二十三条四項に言う『物』に当たらないということでございますので、独占禁止法上の取り扱いは原則に戻りまして拘束条件つき取引の問題になり、通常、価格については問題が大きいということで、違法となる可能性が高いというふうに考えております」（議事録は原文に復元——

引用者）

▼公取委の判断は正しいのか

流対協は公取委に対して、公取委は再販商品として単に「書籍・雑誌」を指定しているだけであって、「紙に印刷され製本された書籍・雑誌」とは規定していない。文字で書かれた原稿ないしデータをもとに紙に印刷され製本された書籍が、代替商品としての電子書籍に代わったとしても、それは書籍そのものであることに変わりはないと主張したが、容れられなかった。

だが、この公取委の根拠も、まだ議論の余地があると言える。池田課長補佐はこの「物」は「独禁法上の物」の概念であると説明をした。民法では、原則的に物は有体物であって無体物を含まない。したがって自動公衆送信されるデジタルデータである電子書籍は「物」ないし「有体物」ではなく、「無体物」ということになる。またデジタルコンテンツのデータは、ＣＤ−ＲＯＭやＤＶＤなどの記録媒体に格納された状態では有形の物であり、有体物となる。公取委も記録媒体に格納された状態では有体物との見解である。

しかし、最近の判例では、「物」は有体物に限られるとの概念を緩和し、例えば、わいせつ情報そのものに着目して「わいせつ図画」として認定する動きなどがみられる。「本件において被告人らがサーバーコンピューターのディスクアレイ内に記憶・蔵置させた物は情報としての画像データであり、有体物ではないが、インターネットにより、これをパソコンの画面で画像として見ることができる。そして、ここにおいて陳列されたわいせつ図画は、サーバーコンピューターではなく、情報としての画像データであると解するべきである。（中略）科学技術が飛躍的に進歩し、刑法制定当時には予想すらできなかった情報通信機器が次々と開発されている今日において、わいせつ図画を含むわいせつ物を有体物に限定する根拠はないばかりでなく、情報としてのデータをもわいせつ物の概念に含ませることは、刑法の解釈としても許されるものと解するべきである」（岡山地裁平成九年十二月十五日宣告）

また、無体物である書体（タイプフェイス）が旧不競法一条一項一号の「商品」に含まれるとした判決例では、「『商品』の意義の確定は解釈に委ねられているものと解されるが、公正な取引秩序の維持、確立という同法の目的からすれば、『商品』の意義を有体物に限定する合理的理由は見出し難い。経済的な価値が社会的に承認され、独立して取引の対象とされているものについて、無体物であることを理由に同法の適用を否定するのは相当でない」と判示した（東京高裁平成五年十二月二十四日判決「モリサワタイプフェイス事件」）。

主に言語や美術の著作物を紙に印刷し製本された書籍という伝達手段が発展し、印刷用組版データから同一の機能と効用を持つ電子書籍ができてきた。これが「物」ではない、つまり有体物ではないから、情報だからという理由で非再販商品とするのは、形式的に過ぎよう。音楽については「レコード盤」としていたが、「紙に印刷され製本された書籍」だけを「書籍」とすると、公取委は「指定」などしていない。公取委が追加指定をするまでもなく、電子書籍も「書籍」なのだ。ただただ六品目に限定し運用することで、木を見て森を見ないような行政は、出版業の息の根を止めるような行為といえよう。

▼野口公取委見解に変更なし

公取委は、二〇〇五年当時のポイントカードに関する野口公取委取引企画課長見解については現在も変更はないとの回答であった。ポイントサービスは値引きであるが、お楽しみ程度のものまでも再販契約違反の値引き行為として規制することは、消費者利益を不当に害することとなるとの見解である。ただ、そのポイントの率については、具体的に示した過去のデータを見る限り、一%ないしその近似値である。三%という数字は見当たらなかったと答えた。

ただし、ポイントサービスが再販契約違反になるかどうかは、「当該当事者間において判断されるべき問題である」との、大脇雅子議員の質問主意書に対する平成十三年七月三十一日付小泉首相答弁書の通りであると述べた。

公取委側からは、一%ないしその近似値という見解以外は見当たらず、三%程度までは許されるというのは、出版業界側の勝手な解釈なのだろうか

また三のクレジットカード会社が行うポイントサービスは、書籍などの値引きには当たらないと回答。テナント書店に高率の負担を強いている場合は値引行為になるのではないかとの点については、これまで実態調査を行なったことはないとの答であった。

▼ネット書店における「価格」表示

四のネット書店における再販商品の「価格」「¥」との表記は、割引商品と消費者を誤認させるものであるので、これを改めるよう指導すべきではないか、との要請については、次のように答えた。

「出版物の価格表示等に関する自主基準」は、「再販出版物の価格表示を定めたものであって、広告などでの表示を定めたものではない」から、ネット書店では、単に「価格」「¥」と表示しても差し支えないという解釈である。「自主基準」には、その目的が「出版社が再販売価格を定める出版物と非拘束のものとが併存するために、両出版物を明確に区分けし、読者の誤認を生じさせないことを目的に作成する」とあるが、こんな目的はどうでもいいのだろう。

また、不当表示防止法は、消費者庁の所管であるとしたうえで、不当表示の禁止は「一般消費者に誤認されるおそれがある表示であって、不当に顧客を誘引し、公正な競争を阻害するおそれがある」場合で、それには当たらないものと思うと述べた。やっぱりというか、アマゾンがプライスを価格と訳しただけと居直れば、それでいいですというのが、公取委の態度なのだろう。

▼再販制度の見直しなし

今回の公取委との話し合いでの最大の収穫は、著作物再販制度の当面存置以来十年の節目で、公取委が同制度の法改正による見直しを行わないことを表明したことである。制度の見直しは、

「政治マターであり、官の側から、つまり公取委の側から行う考えはなく」、「公取委の立場は、平成十三年の当面存置の結論のままである」とのことを改めて言明した。

また、著作物再販協議会も、各省庁内の「事業仕分け」で、ここ二年の開店休業状況を踏まえ、所期の目的が達成されていないということで廃止が決まった。かわりに関係業種ごとのヒアリング方式に切り替え、有識者、消費者団体を加えずに出版業界は出版四団体と一月十三日に行うとのことである。新たな「談合型行政指導」の始まりが危惧される。

だが、ここでヒアリングされることは、流通・取引上の弊害是正の問題であって、再販制度そのものの見直しではない。とはいっても、公取委の弊害是正要求に従えば従うほど再販制度は空洞化してしまう問題は残る。

ともあれ、当面存置から十年、制度としての著作物再販制度は延命できた。新聞業界はその間、制度の防衛のために強硬な姿勢を崩さなかった。出版業界はといえば、流対協を除けば、公取委の意のままに弾力運用に血道をあげ、再販制度の実質的な空洞化に拍車をかけてきた。

米国の要求によってはじまった規制緩和によって、大規模小売店舗法の廃止と再販制度の弾力運用、ポイントカードなどの導入も重要な原因として、中小書店の廃業ラッシュが続き、勝ち残ったナショナルチェーンもアマゾンに抜かれ、一部は印刷資本の傘下に入った。そして今、電子書籍が非再販商品とされることで、アマゾンやグーグルが日本を席巻し、出版業界は書店、取次店を見殺しにしながら、崩壊への道を転がり落ちていくのだろうか？（拙稿「再び存置された再販

制度」『出版ニュース』二〇一一年一月上・中旬号）

（4）「著作物再販制度を当面見直す予定はない」と公取委事務総長らが明言

流対協に対して公取委が同制度の法改正による見直しを行わないと表明した後の十二月二十日、公益財団法人公正取引協会（独占禁止法及び関係法令の普及・啓発並びに事業者の法令遵守に関する支援をする公益法人で、関係省庁、業界、学会関係者によって一九五〇年に設立）主催の「平成二十二年度十二月度月例懇談会」で公取委の松山隆英事務総長が講演の席上「著作物再販制度を当面見直す予定はない」と明言した。公取委池田卓郎取引企画課課長補佐の流対協に対する回答が、公取委の事務総長によって公の場で確認されたのである。

明けて二〇一一年（平成二十三年）一月十一日、同じ公正取引協会が主催する「公正取引委員会竹島委員長講演会及び平成二十三年賀詞交歓会」で竹島一彦委員長が「公正取引委員会の最近の取組について」をテーマに講演、質疑応答で同協会の舟橋和幸常務理事から、著作物再販制度が存置されて十年が経過したが、現在の公取委の考えを聞かせてほしいと質問があった。これについて竹島委員長は「再販制度に関する世論は当時とあまり変わっておらず、関係者も努力しているところであり、いま（見直しの）議論をする考えはない」と回答、公取委として当面再販問題を取り上げる予定はないことを明言した。

再販制度の当面存置についての流対協の公取委への申し入れは、公取委が著作物再販制度の独禁法の改正による廃止を事実上断念していたことを引き出し、改めてその存置が確定することになった。公取委としては、是正六項目による再販制度のなし崩し的な廃止しか方法は残されていなかった。こうして、一九九八年三月の再販制度存廃の三年間延長から十三年にわたる再販制度廃止問題は、あっけなく決着を見たのであった。

第Ⅴ章　アマゾンと出版崩壊

第1節　出版恐慌

（1）底が見えない出版大不況

二〇〇〇年にアマゾンが上陸してからの日本の出版業界を概観しておこう。

日本の書籍・雑誌（紙）の販売金額は二〇〇〇年の二兆三九六六億円から二〇一三年は一兆六八二三億円、二〇一七年一兆三七〇一億円となり、二十一世紀に入って四五％減少した。ピークの一九九六年二兆六五六四億円に比べ半減した。

このうち書籍の推定販売金額は二〇〇〇年の九七〇六億円から二〇一三年七八五一億円、一七年七一五二億円となり、二四％落ち込んだ。ピークの一九九六年一兆九三一億円と比べると三五％の落ち込みである（出版科学研究所）。

雑誌は信じられないような急落である。一九九七年の一兆五六四四億円をピークに毎年減少し、二〇一一年には八五年以来の一兆円割れ、販売金額は九八四四億円（対前年比六・六％減）に落ち込み、さらに一三年八九七二億円（同四・四％減）から、一六年には七三三九億円（同五・九％減）とはじめて書籍売上を下回り、一七年は六五四八億円、対前年比一〇・八％減と激減し、九七年比で六〇％も落ち込みとなり、飛行機が墜落するように急降下している（同）。

書籍の新刊点数は、二〇一二年には八万二二〇〇点（対前年比四・二％増）、一三年八万二五八九点（同

■出版物推定販売金額

年	書籍		雑誌		合計	
	金額（億円）	前年比（%）	金額（億円）	前年比（%）	金額（億円）	前年比（%）
1996	10,931	4.4	15,633	1.3	26,564	2.6
1997	10,730	▲1.8	15,644	0.1	26,374	▲0.7
1998	10,100	▲5.9	15,315	▲2.1	25,415	▲3.6
1999	9,936	▲1.6	14,672	▲4.2	24,607	▲3.2
2000	9,706	▲2.3	14,261	▲2.8	23,966	▲2.6
2001	9,456	▲2.6	13,794	▲3.3	23,250	▲3.0
2002	9,490	0.4	13,616	▲1.3	23,105	▲0.6
2003	9,056	▲4.6	13,222	▲2.9	22,278	▲3.6
2004	9,429	4.1	12,998	▲1.7	22,428	0.7
2005	9,197	▲2.5	12,767	▲1.8	21,964	▲2.1
2006	9,326	1.4	12,200	▲4.4	21,525	▲2.0
2007	9,026	▲3.2	11,827	▲3.1	20,853	▲3.1
2008	8,878	▲1.6	11,299	▲4.5	20,177	▲3.2
2009	8,492	▲4.4	10,864	▲3.9	19,356	▲4.1
2010	8,213	▲3.3	10,536	▲3.0	18,748	▲3.1
2011	8,199	▲0.2	9,844	▲6.6	18,042	▲3.8
2012	8,013	▲2.3	9,385	▲4.7	17,398	▲3.6
2013	7,851	▲2.0	8,972	▲4.4	16,823	▲3.3
2014	7,544	▲4.0	8,520	▲5.0	16,065	▲4.5
2015	7,419	▲1.7	7,801	▲8.4	15,220	▲5.3
2016	7,370	▲0.7	7,339	▲5.9	14,709	▲3.4
2017	7,152	▲3.0	6,548	▲10.8	13,701	▲6.9

＊出版科学研究所による 1996 年から 2017 年にかけての出版物推定販売金額

〇・五％増）と最高記録を更新してきたが、一四年は八万九五四点、対前年比二・〇％減。その後三年連続して減少となり、一七年には七万五四一二点になった（『出版年鑑』二〇一八年版、出版ニュース社）。これは、初版部数を削減し、点数増で売り上げ不振をカバーしようとする、これまでの出版社の努力も息切れしたものといえ、出版社数そのものの減少も影響していよう。

その出版社数はピークの一九九七年の四六一二社から二〇〇八年には四〇〇〇社を割り込み、二〇一二年には三六七六社（対前年比一・六％減）、二〇一三年は三五八八社（同二・四％減）、二〇一四年三五三四社、一七年で三三八二社となり、ピーク時の約四分の一減となった（前掲書）。

スマートフォンの爆発的普及と安価で読み放題のDマガジンなどの影響で、日常生活での情報入手や娯楽の方法の激変がこうした事態をもたらした。また電子書籍を再販商品にしようとすることすらしなかった出版界の対応の失敗により、出版そのものが存続の危機に立たされている。雑誌、コミック、ムックなど情報や娯楽を中心にするものほど厳しい状況に追い込まれている。

（２）書店業界の再編

書店数も減り続け、一九九九年の二万二二九六店から一三年一万四二四一店、一七年一万二〇二六店に減少、九九年比で五六％の水準に落ち込んでいる（アルメディア調べ。次頁表参照）。

閉店の推移を見てみると、一二年の閉店六九三店、一三年は一〇六九店、一四年は一一七五店と三年連続で増勢し、一〇〇〇店を超え一七年は七五八店だった。新規出店は一三年二九四店、一四年二三六店、一七年は二三九店で、毎年、閉店数が出店数を大きく上回っている。

閉店数が出店数を大きく上回っているものの、新規出店は大型店が多く、売り場面積はそれに伴い二〇〇三年一〇九万六五三二坪から一三年一三一万九七七九坪と増加した。しかしこの年をピークに一四年一三一万二二四三坪と減少に転じ、一六年一二九万一五九九坪、一七年には一二六万三八三三坪（一三年比で五万六〇〇〇坪減、四・二％減）まで落ち込んだ。

■出版社数の推移

年	出版社数
1998	4,454
1999	4,406
2000	4,391
2001	4,424
2002	4,361
2003	4,311
2004	4,260
2005	4,229
2006	4,107
2007	4,055
2008	3,979
2009	3,902
2010	3,817
2011	3,734
2012	3,676
2013	3,588
2014	3,534
2015	3,489
2016	3,434
2017	3,382

■書店数の推移

年	書店数	減少数
1999	22,296	−
2000	21,495	▲801
2001	20,939	▲556
2002	19,946	▲993
2003	19,179	▲767
2004	18,156	▲1,023
2005	17,839	▲317
2006	17,582	▲257
2007	17,098	▲484
2008	16,342	▲756
2009	15,765	▲577
2010	15,314	▲451
2011	15,061	▲253
2012	14,696	▲365
2013	14,241	▲455
2014	13,943	▲298
2015	13,488	▲455
2016	12,526	▲962
2017	12,026	▲500

＊調査会社アルメディア調べ。

一〇〇〇坪以上の書店数は二〇〇三年の三八店、〇七年六二店、一三年の八八店、一七年九五店へと二・五倍以上になっている（いずれも日本出版インフラセンター書店マスター管理センター調べ）。

書店の大型化は八重洲ブックセンターなどを除くと一九九六年ころから本格化した。一九九六年にジュンク堂難波店（現千日前店）九〇〇坪、紀伊國屋書店新宿南店（一四三四坪）、九七年にはジュンク堂仙台店（九〇〇坪）、ジュンク堂池袋店（一〇〇〇坪、二〇〇一年に二〇〇〇坪に増床）、九九年にはジュンク堂大阪本店（一四八〇坪）などが開店し、大型書店時代となった。二〇〇〇年にアマゾンが上陸し、〇五年に新物流センターのアマゾン市川FCが開設されネット書店として影響力が話題となるころには、一〇〇〇坪以上の大型書店は五一店を数え、今ある大型書店は出揃っていた。

「再販制度に乗っかって経営努力をしない書店経営者が個性のない金太郎飴書店を生みだしているから再販制度を廃止すべきだ」と声高に叫んでいた論者が大勢いたが、この人たちは書店業界のドラスティックな廃業倒産をどう説明するのだろうか。

もともと寡占取次による書店政策は、ナショナル書店チェーンや大手書店に対しては取引条件をいわゆる一本正味で優遇し、中小零細書店には厳しく低い条件を課してきた。街の零細書店にはベストセラーなど売れ筋本が入手しにくいなど目に見えないハンディがあり、定期購読雑誌や注文書籍のお得意読者への配達などの外商やきめの細かいサービスでやりくりしてきたが、深刻化する出版不況と、一方でのナショナル書店チェーンによる大型店の出店に圧され、次々に消えていった。県庁所在地にあった地元老舗書店は、一部全国展開する書店を除いて、二〇一〇年ごろまでにほとんどが大幅な事業縮小を迫られるか、廃業した。

（3）書店戦争

大型書店の出店競争は、読書人口に比べ明らかに過剰なものであった。政令指定都市などでは共存し得る状況ではなくなってしまった。

例えば福岡市中心の天神には、紀伊國屋書店福岡天神店（一九七六年開店、六九〇坪）、リーブル天神（三六〇坪）、地下街には福岡金文堂地下街店、積文館書店などが営業していた。そこに一九九六年にリブロ福岡店（三〇〇坪）、九七年に丸善福岡店（一〇〇〇坪）、八重洲ブックセンター福岡三越店が出店、さらに二〇〇一年にジュンク堂書店福岡店が一六〇〇坪で出店した。いわゆる「天神書店戦争」の勃発である。

結果、二〇〇一年には八重洲ブックセンター福岡三越店、〇三年にリブロ福岡店、〇七年に紀伊國屋書店福岡天神店、一〇年に丸善福岡店が撤退するなど相次いで閉店が続き、残ったのはジュンク堂書店と地下街の積文館書店と金文堂本店くらいであった。その後、一一年にリブロ福岡天神店（三〇〇坪）、一七年には紀伊國屋書店天神イムズ店（三〇〇坪）が再進出したが、ジュンク堂書店の優位が続いている。

大店法の緩和（一九九一年）と廃止（二〇〇〇年）を背景とし、ナショナル書店チェーンによる大型出店競争は、取次店を巻き込んで全国の政令指定都市や主要都市で繰り広げられた。結果、一～二の大型書店が生き残り、その他の大型店や地元の街の書店は撤退ないし廃業して決着した。

またレンタルビデオと本の二本柱で伸びてきたＴＳＵＴＡＹＡなどのロードサイド店モデルも崩れている。レンタルビデオは、二〇〇七年の三六〇四億円をピークに急速に縮小し、一七年五月には半分以下の一六五九億円にまで落ち込んだ。逆に一三年に統計に表れた有料動画配信事業は一五一〇億円となり、まもなくレンタル市場を追い越すとみられる。この結果、フランチャイズ店のＴＳＵＴＡＹＡ事業は縮小傾向にあり、これを運営するカルチュア・コンビニエンス・クラブ（ＣＣＣ）は、一一年開業の代官山蔦屋書店を皮切りにライフスタイル提案型の蔦屋書店事業に力を入れ、大型出店をしている。このほかロードサイド店を多く展開してきた文教堂書店、戸田書店なども業績は芳しくない。レンタルの不振に加え雑誌・コミックの落ち込みでロードサイド店の閉店が続いているため、その打開策としてイオンなど大型ショッピングモールへの出店が増えている。

最近の大型出店をみるとこの蔦屋書店が目立つが、本格的な大型総合書店とはいえない。他の地域で代官山モデルが成功するかも不透明である。その他のナショナルチェーンによる本格的な総合大型書店の出店はほとんどみられなくなった。

（４）ＤＮＰによる書店系列化

印刷業界トップのＤＮＰ（大日本印刷、資本金約一一四四億円、売上高一兆四一〇一億円＝二〇一七年）は、二〇〇七年ころから出版不況のなかで書店チェーンの買収に乗り出していった。買収対象となったジュンク堂書店や丸善は出版不況による売上減や大型出店競争で業績が悪化していた。文教堂もロードサイドビジネスモデルが崩れ赤字が続いていた。

DNPは二〇〇七年には図書館流通センターと資本提携し、〇八年八月には丸善の株式を取得し連結子会社化、〇九年三月にはジュンク堂書店の株式を取得し連結子会社化した。さらに一〇年五月には文教堂グループホールディングスの株式を取得し連結子会社化、一一年五月には、丸善、ジュンク堂書店、図書館流通センターなどを統合し、丸善CHIホールディングスを設立した。この結果、DNP＝丸善CHIがリアル書店では売上トップに躍りでた。

(5) 取次店による書店チェーンの系列化

出版不況、書店間戦争に加えアマゾンの影響が相俟って、巨大大型書店のジュンク堂書店や丸善が経営不振に陥り、DNPの子会社になったのと並行して大手取次店の日販、トーハンも、書店チェーンを次々と子会社化していった。

日販はリブロ（二〇〇三年、七〇店舗。リブロは二〇〇九年によむよむ二七店舗を統合）、オリオン書房（二〇一三年、一〇店舗）、いまじん白揚（二〇一四年、二〇店舗）を連結子会社化し、一五年にはあゆみBOOKS（九店舗）を連結子会社化している。オリオン書房は萬田日書連元会長の経営する書店であった。また一六年には夢屋書店を日販の子会社がBOOKSえみたすとして引き継いだ。そして一八年に東武電鉄系東武ブックス（二五店舗）を子会社化した。

また精文館書店（一九九九年、三四店舗）、啓文社エンタープライズを関連会社化して、二〇一六年十月には、文教堂グループホールディングスをＤＮＰから持ち株を買い取り関連会社化した。文教堂書店は約二〇〇店を全国で運営、そのうち一三五店舗をトーハンから日販へ帳合変更（取引の変更）をし、その後も帳合変更が続いた。

二〇一七年十月、日販は中間持株会社ＮＩＣリテールズ株式会社のもとにこれらグループ書店を統括することとした。一八年三月現在、日販のグループ書店は二七一店舗、売上高は六三五億円である。後述するが日販は一八年の決算報告で、書店事業を取次事業と並んで日販の「本業」とはじめて位置づけ、取次店の禁じ手といわれた書店業に乗り出すことを表明した。

トーハンは二〇一二年六月に明屋書店を連結子会社化した。明屋書店は明屋書店の他金龍堂、イケヤ文楽館など九一店舗を展開し、売上高一六七億円（同月現在）をあげている。一三年、ブックファースト（二〇一二年十二月現在で四二店舗、売上高二〇〇億円）を完全子会社化し、一七年にブックファーストは、あおい書店六店舗を統合した。ブックファーストは一七年五月現在、関西と関東で四二店舗を展開している。

またトーハンは、二〇一五年七月、アバンティブックセンターなどを運営するアミーゴ書店を中堅スーパーのイズミヤから買収し子会社化した。買収当時、大阪、兵庫、京都などに五六店舗を構え、売上高七四億円（一五年三月期）、帳合は大阪屋からトーハンへ移行した。

さらに二〇一六年三月には文真堂書店を一〇〇％子会社化した。文真堂書店は太洋社帳合で群馬、栃木、埼玉、東京に四〇店舗を構え、一五年六月期決算では売上高九二億円を計上していた。一八年八月には、三洋堂ホールディングスの五一％の株式を取得、三洋堂書店を傘下にした。同店は東海地方を中心に八三店舗を展開、売上高は二二一億円（一七年）である。

またトーハンの子会社の東京ブッククラブは千葉県を中心にオークスブックセンター（一三店舗）などを展開、同じく株式会社スーパーブックスは山下書店一〇店舗などを運営している。

寡占取次による書店の系列化が進むなか、取次店がより有利な取引条件を書店チェーンに提示し、一日にして取引取次店が変更される「帳合変更」も日常化した。とくにトーハン―日販間だけではなく、トーハン、日販による中堅取次の大阪屋、栗田出版販売、太洋社などからの帳合変更が多発した。「帳合戦争」である。この帳合戦争は取次店の利益率を圧迫していくことになる。

このようにして寡占取次による書店の系列化が進み、DNP傘下の書店をいれれば、独立した書店チェーンを探すのが難しくなってきた。出版不況は深刻化するばかりで、電鉄系、百貨店やスーパー系の書店チェーンが不採算を理由に売却された。また取次店への支払いが滞って子会社化されたり、取次としては潰してしまうと多額の売掛金を回収できなくなることを恐れ子会社化したりということが繰り返されている。あまり積極的な子会社化ではない場合が多く、子会社化後に不採算店を閉店したケースもよく見られる。

取次店は子会社化した書店の不採算店を大量に整理し、業績を立て直そうとしているが、子会社化、系列化された書店では、現場の権限がなくなり、取次店のパターン配本に依存する個性のない金太郎飴書店と化していて、返品率は改善されることなく、売上が落ち込み、閉店が続いている。取次店は、本をどう売るかという書店経営のノウハウを持っているのだろうかと疑いたくなるような事例が多い。

二〇〇〇年代前半までの書店の廃業には、売上の落ち込み、書店間の競争、とりわけナショナル書店チェーンの大型出店による地方老舗書店を中心にした廃業があるが、〇五年ごろからは急速に売上を伸ばしてきたネット通販書店のアマゾンの影響が決定的である。

ミレニアムの年に上陸したアマゾンは、早くも二〇一〇年ごろには業界第一位の書店に躍りでた。躍進の要因としては①いわゆるロングテールといわれる在庫商品の豊富さ、②送料無料、③調達の早さ、④ネット申し込みによる簡便さ、④高率のポイントカードなどがあげられる。

(6) アマゾンの躍進

アマゾン・ドットコムは一九九八年九月に「アマゾンジャパン株式会社」を設立、二〇〇〇年十一月に、Amazon.com の日本版サイト「Amazon.co.jp」を開設、日本でのネット書店事業に乗り出した。当時、ネット書店の売り上げは七〇〜八〇億円といわれ、書籍売上の一%にも満たなかった。

二〇〇五年十一月に新物流センター「アマゾン市川FC」を開業、〇六年にe託販売サービスを開始するころには売上を急速に伸ばしていた。e託販売サービスは個人や小規模出版社の書籍を直取引で委託販売する事業である。

アマゾンは「地球上で最も豊富な品揃え」と「地球上で最もお客様を大切にする企業であること」

という二つの企業理念を唱えている。アマゾンが躍進した理由はさまざまあるが、この理念に沿っていえば、本ではロングテールといわれるあまり売れない専門書など多品種の在庫をかかえ、顧客に喜ばれる豊富な品揃えを実現したことにある。ネット書店はリアル書店に比べればスペースの限界はさほどない。そして、注文された商品を迅速に読者に届けるという、基本的なサービスにあった。

アマゾンの躍進の影響は、まず大学生協を襲い、書店とりわけ大型書店に波及し、そして取次店を襲った。

大学生協は、学生の消費生活協同組合という性格から、他の協同組合、共済組合などと同様に独占禁止法二十三条5にもとづき独禁法の適用除外となっていて、出版社などの再販事業者の再販価格指示に従う必要がない。大学生協は値引き販売がおおっぴらにでき、このため大学近隣の書店が相当数廃業した。

しかしアマゾンが上陸すると、ロングテールや洋書などの特徴から、大学の研究者が研究室からネット注文するスタイルが浸透し、大学生協の書籍販売を脅かしていき、「Amazon Student」の出現で決定的となった。大学生協の書籍売上は、二〇〇二年当時、約五〇〇億円（大学生協の売上構成比二五％）であったのが、〇三年ごろから下降しはじめ、〇三年四一八億円（同二〇・七％）、一六年には三三一億円（同一八％）まで減少した。書店事業から撤退する大学生協もでてきた。大学生協を訪れても学生・教職員がほとんどいない売場もめずらしくない。

アマゾンは二〇一〇年十一月から、全商品の通常配送料を完全無料にした。受注販売で返品ロスも少ないので、出版社、取次店からも歓迎された。ネット販売の普及と共に急速に売上を伸ばし、無視し得ない存在となっていた。

二〇一三年のアマゾンの日本における売上高は、前期比一八・六%増の七八億ドル、一三年売上高は前期比二・一減の七六億三九〇〇万ドルだった。

ここからはデータが公表されていないので推測となるが、雑誌を除く書籍の売上の割合が二割から二五%といわれるので、当時のレートが一ドル＝一〇〇円なので、二〇一三年の書籍売上は一五二七億円から一九〇九億円の範囲ということになる。

『週刊東洋経済』二〇一二年十二月一日号によると、一一年のアマゾンの日本における本の売上を一九二〇億円（同誌二〇一七年六月二十四日号「アマゾン膨張」では一五〇〇億円としている）と推計しているので、書店売上第一位となる。

こうした動きがあった二〇一一年現在の小売書店の売上順位は次のとおりである。

一位　アマゾン　一九二〇億円（二〇一一年『週刊東洋経済』推計による書籍雑誌売上推計）
二位　DNPグループ　一五六九億円（内訳／丸善CHIHDのジュンク堂書店五一一億円＝書店売上五位、丸善書店二八一億円＝一二位、図書館流通センター四二二億円、DNP連結子会社の文教堂三五五億円＝一〇位）
三位　紀伊國屋書店　一〇九八億円

四位　TSUTAYABOOKS　一〇四七億円（「TSUTAYA」「蔦屋書店」）
五位　ブックオフ　七五七億円

（『日経MJ』二〇一二年七月号ほか筆者作成）

小売書籍売上の二〇％以上、書籍雑誌全体の売上の一〇％以上をアマゾンが売り上げていることになる。

第2節　アマゾンの大幅なポイントサービスと再販制度の危機

(1) アマゾンの大幅なポイントサービス

二〇〇〇年に日本に上陸して以来十年足らずで小売書店売上のトップに躍りでたアマゾンは、いまや一人勝ちの独走態勢にある。

リアル書店とネット書店を併せ、抜きんでた売上を誇るアマゾンが、大幅なポイントサービスに乗り出したため、本の再販売価格維持制度が事実上の崩壊の危機に曝されている。

アマゾン、正確には Amazon.com の一〇〇％子会社 Amazon.com Int'l Sales, Inc. は、二〇一二年八月三十日から日本国内にある大学、大学院、短大の学生を対象に「Amazon Student」プログラムをはじめ、その特典の目玉として、本の購入について一〇％分のポイント還元というサービスをつけた値引き販売をはじめた。その後、春・夏には期間限定で一五％のポイント還元もはじめた。「Amazon Student」には「Amazonプライム」会員と同じ送料無料・無制限の「お急ぎ便」サービスなどもついている。

日本出版者協議会（出版協、二〇一二年出版流通対策協議会を改組）は、出版社が決定した定価で販売を書店に義務づける再販売価格維持契約に違反する値引き行為と判断し、同年十月十七日に、

1　「Amazon Student」プログラムの一〇％ポイント還元特典を速やかに中止すること

2　「Amazon.co.jp」の価格表示について再販対象書籍について表示を「定価」と変更すること

の二点を申し入れた。

1については、再販販売価格維持契約書、同覚書に違反する値引き行為であること、2については、再販商品について「定価」と表示することを定めた「出版物の価格表示に関する自主基準」、同「実施要領」に違反する行為であることを説明した。

アマゾンジャパン側は、バイスプレジデント・メディア事業部門長・渡部一文氏らが応対。席上、出版協から、1については、再販売価格維持契約書、同覚書に違反する値引き行為であること、公正取引委員会はポイントサービスが値引き行為であるとの立場であり、お楽しみ程度の一％位までを目こぼしにしているだけであること、2についても再販商品については「定価」と表示することを定め

た「出版物の価格表示に関する自主基準」、同「実施要領」に違反する行為である旨の理由を説明、また一〇%という高率のポイントサービスが対抗上他の書店にも波及し、消耗戦となり、体力のない一般書店が倒産したり、値引きの原資が取次店、出版社に転嫁されたりして、最終的には定価の値上げにより読者が迷惑することになると述べた。売上トップの書店としての影響が大きいこと、日本国で営業する企業であれば日本国の法令規則や、公取委の指導による業界規則を遵守すべきだと要請した。

十月三十一日、アマゾンジャパンは、「申入書記載の事項に関して、弊サイトとしては個別の契約内容に関して貴会に対しご回答する立場にはないと考えておりますので、何卒ご理解賜りたく宜しくお願いいたします」とゼロ回答をし、十一月二十六日にも同様の再回答を得たため、十二月五日に取引取次店の日販、大阪屋に再販契約の遵守を指導するよう申し入れた。

二〇一三年三月二十五日になって、日販安西浩和専務取締役名（当時）で正式回答があった。

（1）弊社は Amazon.com Int'l Sales, Inc. 様と再販売価格維持契約書を締結しております。尚、Amazon.com Int'l Sales, Inc. 様はアマゾンジャパン様に業務を委任されており、Amazon.com Int'l Sales, Inc. 様との契約をアマゾンジャパン様との取引においても適用する旨を合意しております。

（2）アマゾンジャパン様に Amazon Student プログラムは再販契約に抵触するという指摘があ

る旨を通知し、協議しました。また今回の協議だけではなく、従来より再販商品へのポイント付与は様々な問題があり、議論を重ねてきました。しかしこの問題の解決は、現実的には容易ではなく、非常に困難であることもご理解下さい。今後も検討を重ね、書店、出版社、販売会社が共存共栄できるような解決のための努力を続けていきます。

（3）弊社サイト内には再販商品、非再販商品が混在しており、価格について二通りの表記がある場合、消費者の混乱が予想されます。そのため、あくまでも消費者に対して商品を販売する際に義務づけられている、消費税額を含む「総額表示」として記載させて頂いております。ただ、ご指摘については今後、検討して参りますので、何卒ご理解の程お願い致します。

（2）公取委野口見解にもとづく交渉へ

膠着状態が続くなかで局面打開を図るため、出版協各社が自らの意思で、自社商品の「Amazon Student」プログラムサービスからの除外を求める方向に切り替えることにした。

公正取引委員会は、本書一四四頁の繰り返しになるが、ポイントサービスについて次のような見解をとっている。

まず二〇〇三年四月二十三日の衆議院経済産業委員会で、民主党の中山義活副幹事長の「ポイントサービスは景品か、値引きなのか明らかにしていただきたい」との質問に対し、公取委の竹島委員長は「値引きである。景品ではない。値引きであるという扱いを世の中に明らかにさせているところであります」と答弁している（「再販契約の手引き（第5版）」、『二〇一四年出版再販・流通白書№17』出版流通改善協議会）。

ただし「ポイントの一％とかこれに近似のポイントを再販契約のもとで、出版社がそれを止めさせるという場合には、一般消費者の利益を不当に害する場合に関わってくるのではないかと考えられます」（野口文雄公正取引員会取引企画課長見解「再販制度の適切な利用に当たっての留意点」、『出版ニュース』二〇〇五年一月下旬号）。これは当時、主婦連のお楽しみ程度のポイントまで禁止するのはおかしいとの意見を入れたものである。

そして、ポイントサービスが再販契約違反になるかどうかは、出版協（当時は流対協）が依頼した大脇雅子参議院議員の質問主意書に対する二〇〇一年七月三十一日付小泉純一郎首相の政府答弁書に「お尋ねの割引制度やいわゆるポイントカードの提供が、再販売価格維持契約行為について定めた事業者間の契約に反するかどうかについては、当該当事者間において判断されるべき問題である」と答弁があり、公取委は、再販契約違反であるかどうかは「出版社が判断し、その意を受け取次会社も対処できるということです」（前掲野口見解）との見解が出された。

自社商品のポイントサービスからの除外要請については「出版社が再販契約に基づいて言う場合であっても、自分の商品についてだけ止めてくれと言えるわけで、他社の商品についてまでは言えない。ポイントカードを実施しているところに対して、ポイントカードシステムを止めろとは言えないのであって、自社の商品は対象外とするようにと言えるということです。表示上から言うと、消費者向けにその旨を表示して貰うことになります」（前掲野口見解）。

野口見解が現在も生きている公取委の正式見解である。野口見解にもとづいて、公取委の介入を避けつつ、アマゾンに対して出版各社がポイントサービスからの除外要請をすれば、アマゾンも従わざるを得ない。ポイントサービスを形骸化できればポイントサービスそのものを止めるかもしれないとの判断である。

Amazon Student ポイントは対象を学生に限定しているが、一〇％という高率で、これがすべての読者に拡大されると書店への影響は決定的になる（大学生協などの生活協同組合は独占禁止法の埒外で、出版社が再販行為を指示できない。また好ましいことではないが大学等の場所限定のため、悪影響は周辺書店に限られた）。すでに書店間のポイントサービス合戦を誘発しつつあり、その原資は結局、出版社に転嫁され本のカバープライスが上がる。本のポイントサービス合戦は本の再販制度を壊してしまうのである。

（３）アマゾンと消費税

アマゾンが高率ポイントを提供できるのは、日本の消費税や法人税を払っていないからという問題もある。

先の三月二十五日付日販からの回答にあるように、日販は Amazon.com の子会社で北米以外の販売を統括している Amazon.com Int'l Sales, Inc. と再販契約を交わしており、当然、取引約定書も交

2013/09/　　　　　　　　　　　　　　　　　　　　　　　　Page 1 of 1

amazon.co.jp

納品書

ご注文日 2013/09/　　　ご注文番号　　　納品書番号
発行日 2013/09/

数量	商品名	種類	単価（税抜）	金額（税込）
1	見城徹 編集者魂の戦士―別冊課外授業ようこそ先輩(** P-3-E412C508 **) 4877582290	単行本	¥1,470	¥1,470
1	蜩ノ記(** P-3-E513C376 **) 4396633734	ハードカバー	¥1,680	¥1,680

小計	¥3,150
配送料	¥0
合計	¥3,150
お支払い方法：クレジットカード Visa	¥3,150
お支払い残高	¥0

Amazon.com Int'l Sales, Inc.
410 Terry Avenue North
Seattle, WA 98109-5210, USA

わしている。アマゾンジャパンはAmazon.com Int'l Sales, Inc. から業務を委任されているだけなのである。

Amazon.co.jpの運営を委任されているアマゾンジャパンは読者からの注文を受ける。日販は、出版社から調達した当該出版物を物流的にはアマゾンジャパン・ロジスティックの市川FC倉庫に納品し、請求書はAmazon.com Int'l Sales, Inc. 宛で、目黒のアマゾンジャパン社に送付する。当該出版物は市川から読者に送られ、読者はAmazon.com Int'l Sales, Incの請求書（最近は納品書になっている）を受け取り、消費税込みの代金をAmazon.com Int'l Sales, Incに支払う。アマゾンから本を買ったことのある人なら気づいていると思うが、売り主はAmazon.com Int'l Sales, Inc. で、輸入した形になっているのだ。現物は国内を出ることはないが、伝票上輸入になるのである（写真参照）。

しかし本の場合は、消費税込みの代金を支払っているのに、Amazon.com Int'l Sales, Inc. は米国シアトルにある会社なので日本の消費税を納めないですむ（写真参照）。本来、取る必要のないものを支払わせてポイントの原資に充てているといえる。二〇一四年四月から消費税が八％に値上げされ、日本の書店との格差は五％から八％になったので、さらに、さまざまな「サービス」の原資にできる。

法人税については、二〇〇九年に東京国税局がAmazon.comに対し〇三年〜〇五年分について一四〇億円の追徴課税をした。ところがAmazon.comの子会社のAmazon.com Int'l Salesは、日本国内でインターネットを通じて書籍やCDを販売する際、「アマゾンジャパン」（東京都渋谷区）と「アマゾンジャパン・ロジスティクス」（千葉県市川市）に商品の発送業務などを委託、Amazon.com Int'l Salesは支店などの恒久的施設を日本国内に持たないため、日本の顧客が買物をした場合は、米国にあるアマゾン本社から直接購入したことになり、日米租税条約にもとづき日本に納税する必要がないと判断し、申告しなかったと主張した。日米課税当局間の話し合いの結果、米国政府が押し切り、課税は取り消された。

『朝日新聞』二〇一八年八月二十日付は、アマゾンの法人税問題について次のように報じた。


アマゾンは二〇一七年、日本国内で一一九億米ドル（約一兆三四一五億円）を売り上げた。五年前の一・五倍で、高島屋をしのぐ規模だ。決算公告で確認できる一四年は売上高七九億米ドル（約九四六九億円）で、日本法人の支払った法人税は約一一億円。単純比較はできないが、同規模の売上高を持つ国内小売りの一〇分の一以下だ。

巨大な物流施設に日用品や食料品、書籍など多彩な商品を保管。顧客がほしい商品をワンクリックで注文すると、最速で当日や翌日に手元に届く——。日本の国税関係者によると、米アマゾンはこの販売システムが知的財産にあたるとして、日本法人から多額の「使用料」を受け取っている。これで課税対象となる日本法人の所得が圧縮され、法人税額が大きく減っている。「もうけの多くが使用料として持っていかれている」（国税関係者）という。日米租税条約で米国企業に支払われる知的財産の使用料に課税できない決まりもあり、当局に打つ手がないのが実情だ。

アマゾンは海外で法人税を納めており、脱税には当たらない。主な納税先は明かしていないが、法人税率の低い国・地域とされる。

また、「しんぶん赤旗」（二〇一八年五月十四日付）は「アマゾン日本法人二社の一四年度の法人税額も、同じ決算公告に記されています。アマゾンジャパン株式会社が四億五八四〇万円。アマゾンジャパン・ロジスティクス株式会社が六億二一〇〇万円。計一一億円です」と伝え、「日本の小売り大手一〇社の平均法人税額（三二九億円）のわずか三〇分の一だったことが本紙の調べでわかりました」と伝えた。

アマゾンジャパン側は、ネット通販業務と荷造発送や倉庫管理業務の受託売り上げに課された法人税と主張するのであろう。しかし販売システム使用料の名目で利益をほとんど圧縮し米国に移転されたのでは、他の日本の会社は競争にならない。

消費税も法人税も免れれば、日本のネット書店は勝ち目がないし、リアル書店となればなおさらである。

(4) 有田議員の質問主意書と政府答弁書

二〇一三年十一月十一日、アマゾンの消費税問題で相談していた民主党(当時)の有田芳生参議院議員が、要旨次のような「出版物販売における海外事業者への課税に関する質問主意書」を提出した。

一　二〇一〇年の Amazon.com Int'l Sales, Inc. に対する国税庁の一四〇億円追徴課税断念の経緯と理由。

二　Amazon.com Int'l Sales, Inc.、アマゾンジャパン株式会社、アマゾンジャパン・ロジスティック株式会社の三法人の間の日本の出版物取引が輸出にあたるのかどうか、これら三法人への課税状況。

三　Amazon.com Int'l Sales, Inc. は、消費税込みの再販価格で読者に販売しているが、この場合の消費税は我が国に納付されているのか。

四　海外事業者からの電子書籍等のインターネット配信には課税されず、国内事業者には課税されて不公平であり、是正されるべきでは。

政府は十九日、安倍晋三内閣総理大臣の答弁書をもって回答、一から三については「個別・具体的な事柄であるので答弁を差し控えたい」として、答弁を避けた。

一についてはは日米当局の交渉経過を国民に明らかにすべきであるし、二、三については、出版関係者、納税者に事実を明らかにすべきであろう。とりわけ三は、消費税が日本に納められていなければ、問題である。

四の海外事業者からの電子書籍配信の消費税非課税問題については、その事実を認めた上で、「消費税の課税の在り方について技術的、専門的な論点も含め検討を行っているところであり、経済活動に対する課税の中立性や公平性、国内外の事業者の事務負担に与える影響、適正な税務執行の確保等の幅広い観点から引き続き検討してまいりたい」と答えた。

この問題に関連して、書協など九つの出版団体を中心に二〇一三年八月「海外事業者に公平な課税適用を求める協議会」(会長=肥田美代子文字・活字文化推進機構理事長)が、国外事業者への消費税課税を求める要望書を提出していた。またヤフーなど配信事業者を中心に「インターネットサービスにおける公正な消費税課税を求める連絡会」が組織され、文字・活字文化推進機構や関係国会議員により、同年十一月二十六日に「海外事業者に公平な課税適用を求める公開フォーラム」が議員会館内で開かれ、出版協も参加した。一四年四月にはOECDの消費税グローバルフォーラムが日本で開催され、タックス・ヘイブン対策が議論された。

この問題は、電子書籍配信で、アマゾンなど海外からの配信だと消費税が非課税になるのに対し、国内からの電子書籍配信には消費税が課税されるという、国内事業者に不利な事情があった。このため楽天などは二〇一二年一月にカナダの電子書籍配信会社ｋｏｂｏを買収して対抗するほどの問題であった。

こうした運動の成果が実り、二〇一五年の消費税法改正で、アマゾンなどの海外からの電子書籍配信や音楽配信にも消費税が課税されることになった。

（5）最終回答を迫る

日販等との交渉の経過に戻るが、二〇一三年八月六日、筆者が代表を務める緑風出版らは、日販、大阪屋に「アマゾン・ポイントサービスから小社商品を除外するよう指導を求める要望」を提出した。

そのなかで「つきましては、小社の出版物をAmazon.com Int'l Sales, Inc. のポイントサービスの対象から早急に除外するよう、Amazon.com Int'l Sales, Inc. に対して指導いただきますようお願い申し上げます。なお、Amazon.com Int'l Sales, Inc. がポイントサービスの対象から除外しないということであれば、小社と致しましては、小社商品のAmazon.com Int'l Sales, Inc. への出荷を停止するよう貴社にお願いすることになりますので、あらかじめご了承下さい」と出荷停止も辞さないという強い要望書を提出し、八月二十日までの回答を求めた。また同主旨の要望をAmazon.com Int'l Sales,

Inc. にも送付した。

同日、本書冒頭にある「再販契約違反としての Amazon Student ポイント記者会見」を開き、読者の理解を求めた。除外を求めたのは五一社、対象点数は四万一七四〇点、アマゾンデータベース約七〇万点の六%にのぼった。

八月二十一日、緑風出版らはアマゾンジャパン株式会社メディア事業部門長渡部一文名義で「回答書」を受け取った。これによると「Amazon.co.jp サイト（以下「弊サイト」といいます。）は、弊社の関連会社である Amazon.com Int'l Sales, Inc. が運営管理しているものであり、弊社は Amazon.com Int'l Sales, Inc. の問い合わせ窓口として本書を送付しております」とした上で、「弊サイトといたしましては、再販売価格維持契約の当事者ではない貴社に対して何ら申し上げる立場にないことから、大変申し訳ございませんが貴社の申し入れに対する回答は控えさせて頂きたく存じます」として、回答を拒否してきた。再回答も同様であった。

取次店に対しても回答が遅れているため、改めて期限を区切って督促した結果、九月二日に日販専務取締役安西浩和名義で回答を得た。それによるとアマゾンジャパンは、次のような見解を示したという。

1　再販制度を崩壊させる意図は全くない。再販制度をこれからも尊重していく。
2　「Amazon Student」プログラムは学生の読書環境を支援したいという目的のサービスで、

利用した学生からも一定の評価や支持を得ている。

3 「Amazon Student」プログラムが再販契約違反かどうかを判断するのは出版社だと認識している。出版社が違反と判断して出荷停止となる可能性は、取次の事前説明で認識している。

4 「Amazon Student」プログラムは今後も継続する。

肝心の緑風出版のサービスからの除外要請には何も答えていなかったため、口頭で日販にこの点についての再回答をもとめた。しかしズルズルと延ばされて、ようやく二〇一四年一月十四日付で回答を得たが、内容のないものであった。このため二月五日に日販の安西専務等と会談、改めてアマゾンが除外要請に応じるか否か、応じない場合は理由を明らかにすることの二点を内容とする最終回答を迫った。不調に終われば、違約金の請求、出荷停止に入ることも通告した。

(6) 出荷停止へ

二〇一四年五月から緑風出版など五社はアマゾンへの取次店(日本出版販売など)経由の出荷停止をはじめた。再販契約違反の大幅値引きに当たるとして、日本出版者協議会(出版協)の加盟社が同サービスからの自社商品の除外を求めていたが、聞き入れられなかったためだ。

アマゾンへの出荷停止が始まると各社の売上は一時的に落ちた。小社の場合、取次売上の七~八%

がアマゾンのため、その分がダウンすることになった。この当時、出版社に占めるアマゾンの取次売上比率は一〇～一五％といわれていた。先の見えない長期的な出版不況のなかでの売上減には厳しいものがあった。

アマゾンの売上ランクをチェックしている著者やアマゾンで本が入手できなくなった読者への説明も必要だった。そこで六カ月の出荷停止した緑風出版や水声社などは、朝日新聞など全国紙の出版広告の際に、「現在、アマゾンへは出荷停止中です」「アマゾンでは販売しておりません」といった告知広告を載せた。著者などにもポイントサービス反対のパンフや雑誌論文などを渡して、なんとか納得してもらった。

公取委は、緑風出版など出版協会員社がアマゾンのポイントカードについて記者会見をやろうとすると、突然電話をしてきて、「今日の記者会見はどういう性格のものですか。団体でやると共同行為になる、独禁法に抵触する恐れがある」などと、事実上の圧力をかけてくる。「やれるものならやってみろ」と開き直ると、「事情を聞いただけだ」という。ほかにやることがあるだろうと思う。

出版協会員社の彩流社（竹内淳夫社長）、大蔵出版（青山賢治社長）、リベルタ出版（田悟恒雄社長）、あけび書房（久保則之社長）の四社は、ポイントサービスからの「除外指導」を日販に申し入れていたが、日販から「除外指導はいたしかねます」という回答があった。このため一四年七月二十日以降、日販に契約時の「再販売価格維持契約書」の第三条「乙（取次）は小売業者と再販売価格維持出版物の定価を維持するために必要な契約を締結したうえで販売しなければならない」、第四条「前条の契約を締結しない業者には販売しない」、第五条にある両者は「定価が維持されるよう誠意をもって相互に協力する」とあることから、日販に対し再販契約違反を理由に違約金を請求した。

アマゾンへの出荷停止に書店は好意的で、注文短冊の隅に「応援しています」「頑張って下さい」といった書店員の走り書きが記されていた。有隣堂や明屋書店などが主要店舗で出荷停止出版社の応援ブックフェアを開催してくれた。楽天ブックスからはほぼ全点の一斉注文があり驚いた。トーハンや他のネット書店からもまとまった注文が入り、取次在庫やWeb在庫を充実してくれた。

九月二日、日書連東京都書店商業組合は「日本出版者協議会の主張を支持します」との声明を発表、「再販契約を遵守している町の本屋の経営がますます窮地に陥り、倒産・廃業に追い込まれていくことは必至であるとの、貴協議会の主張は誠にもっともである」「自社出版物の出荷停止を行う等、身を削ってまでも再販制度を守るという強い意思と行動に敬意を表するとともに、出版界を崩壊させてはならないとの貴協議会の主張を強く支持いたします」と述べた。

(7) 出荷停止を延長

六カ月の出荷停止はあっという間に過ぎたが、事態は何も改善されなかった。出荷停止している三社(五社のうち二社は一カ月の出荷停止)、再販契約違反の違約金を日販に請求した彩流社など四社、並びに出版協は、十一月五日、日販に対し再販契約を遵守し、会員社の要望に誠意をもって応えるよう申し入れた。

席上、出版社側は、日販が「ポイント付与が再販契約違反に該当するかどうかについては様々な解釈があり、少なくとも司法や行政における統一的な解釈基準が示されていない現状の下では」（日販九月二日付回答）、Amazon Student ポイントについて日販自身が「独自に判断するのは困難」（同）という理由で「指導できない」などと回答することは、取次店自らが再販制度を否定するもので、制度を遵守している街の書店がどんどん廃業している時に無責任な見解だと指摘。しかも公正取引委員会が、ポイントサービスが再販契約に違反するかどうかは「出版社が判断し、その意を受けて取次会社も対処できるということです」、したがって取次店は「ポイントカードをどのように考えるかは出版社の判断ですので、出版社の意向を受けて対処してほしい」との見解（二〇〇四年十二月九日、野口文雄公正取引委員会取引企画課長見解）を出しているのに、日販はこれを真っ向から否定していた。出版社側は、出版社の「違反」という判断を、日販が勝手な判断で覆しており、越権行為で許されないと質した。

これに対し日販は、「状況が変わったことは認識している」、「再販契約の認識についても検討したい」、「回答には少し時間をもらいたい」と答えた。

翌十一月六日、出荷停止出版社は日販に改めて以下の申し入れを行うとともに、再び文京区民センターで記者会見を開き、引き続き三カ月延長することを発表した。

記者会見では、大手出版社が動きだし、情勢が変化してきたことも報告した。具体的には、小学館の相賀昌宏社長が、アマゾンジャパンの渡部一文バイスプレジデントらに対し、Amazon Student ポイントは大幅な値引きで再販契約に違反しているので、自社出版物を同サービスから除外するよう口頭で申し入れた。席上、相賀社長はアマゾンジャパンでは責任ある対応ができないのであれば、アマゾン・ドット・コムのベゾス会長に直接、要望してもよいと述べ、また、同サービスとは違う方法による学生読者開拓を、担当者レベルで期間を区切って研究することを提案したという。

相賀社長は日本書籍出版協会の理事長で、出版四団体で構成する出版再販研究委員会の委員長でもあるので、この動きが小学館・集英社などの一ツ橋グループばかりでなく、他の大手出版社にも波及する可能性がないわけではない。また相賀社長の動きを事前に把握していなかった日販は驚いて、急遽対策を練っているというが、首脳部で意見が分かれているとの情報もあった。

しかしこれらの動きも結局、アマゾンへの有効な圧力にはならなかった。アマゾンはポイントサービスを続け、アマゾンは躍進し、対抗できない書店はますます閉店や廃業に追い込まれていった。

その間にアマゾンは、ネット書店から総合ネット通販の巨人へと成長していった。フルフィルメンセンター（ＦＣ）と呼ばれる物流センターを全国に一九カ所も展開し、ロジスティックを強化した。大手取次店が支社・支店を閉鎖し地方店売倉庫を廃止し、東京周辺一極に在庫を集中させるという政策とは真逆のものであった。

二〇一六年五月一日、アマゾンジャパン株式会社とアマゾンジャパン・ロジスティクスは、アマゾンジャパン・ロジスティクスを存続会社としてアマゾンジャパン合同会社に改組された。

アマゾンジャパン合同会社は Amazon.co.jp サイトを運営、商品の受発注などを行なう。「合同会社のメリットは、機関設計が自由で、株式会社でいう株主総会や取締役会を開催する必要がない。そのため、自由な意思決定が可能で、米国本社からのコントロールもしやすい」（ネットショップ担当者フォーラム）という。また合同会社は財務内容の情報を開示する必要がなく、企業内容を秘密にできる。合同会社は外資系企業の常套手段でもある。

第3節　アマゾンと取次店の危機

(1) アマゾンのサービス拡大

アマゾンはポイントサービス、プライム会員の送料無料・無制限の「お急ぎ便」などに加え、二〇一二年十月から全国のファミリーマート店舗約九一〇〇店で「コンビニ受取」サービスを開始、一四年十一月からミニストップ（二二二七店舗）でも「コンビニ受取」サービスをはじめた。

二〇一三年頃からはプライム会員にさまざまな特典を加えることで急速に売上を伸ばした。一三年八月、Kindle オーナーライブラリーが開始される。電子書籍に関するサービスで、対象タイトルのうち毎月一冊を無料で読むことができる。一五年九月、Amazon パントリーが開始される。これは食品・日用品等の低価格商品を、一商品一点から購入可能なサービスで、利用の際には送られてくる一箱あたり二九〇円の取扱手数料が発生する。同月、プライム会員向けの「プライム・ビデオ」映像コンテンツが見放題というサービスをはじめる。

〈「Amazonプライムは、これまで〝お急ぎ便〟や〝お届け日時指定便〟を追加料金なしで何度もご利用いただける特典を充実させてまいりました。昨年より食品・日用品をひとつから必要なだけお届けするAmazonパントリー、毎日のお買い物が一時間で届くPrime Nowも特典に加わり、様々な方法でのショッピングをご利用いただけるようになりました。また、大ヒット映画やTV番組が見放題のプライム・ビデオをはじめ、一〇〇万曲以上の楽曲が聴き放題のPrime Musicなど、観たり聴いたりする楽しみも提供しております。そして本日、新たに〝プライム・フォト〟が加わりました。容量を気にせず、写真を好きなだけ保存することができますので、撮る楽しみが広がることを期待しております。」とアマゾンジャパン株式会社 代表取締役社長ジャスパー・チャンはコメントしています。〉

(Amazon.co.jp 二〇一六年一月二十一日プレスリリース)

この結果、日本事業における円ベースのアマゾンの売上高は二〇一七年の年間平均為替レート(一ドル＝一一二円)で換算すると、前期比一四・四%増の一兆三三三五億円となるという(二〇一七年二月十五日「ネットショップ担当者フォーラム」瀧川正実)。また『週刊東洋経済』とインターネットアンケート・サービス「NTTコム リサーチ」が共同で二〇一七年五月に実施した「Amazonの利用に関する調査結果」によると、有料会員制度「Amazonプライム」の加入率はアマゾン利用者の一六・六%だった。また『週刊東洋経済』二〇一七年六月二十四日号「アマゾン膨張」によると、プライム会員数は一七年三月時点で八〇〇万人、一六年度の出版物の販売額は一五〇〇億円と推計している。

これらの数字から、日本のアマゾン利用者数を推計すると、八〇〇万人÷一六・六％＝四八一九万人ということになる。信じられない数である。

もう少し控えめな推計としては、あるネット通販関係者が売上と利用者の平均年間購入額と「Amazon プライム」の加入率から、プライム会員数は二〇〇万～三〇〇万（二〇一六年）と推計している（https://www.yellowpadblog.com/entry/2017/04/14/amazon_the_number_of_prime_members）。

「米アマゾン・ドット・コムのジェフ・ベゾス最高経営責任者（CEO）は十八日、株主宛ての書簡を公表し、有料のプライム会員が世界で一億人を突破したと明らかにした。アマゾンが同会員数を開示するのはこれが初めて」（『日本経済新聞』一八年四月十八日付）と報じた。米国のプライム会員が八五〇〇万人だから残り一五〇〇万になる。米国を除く国での日本の一七年の売上シェアは約二〇％なので、単純に割り当てると三〇〇万人となる。ネット通販関係者の数字に符合する。

こうしてアマゾンはたんなるネット書店からあらゆるメディアから生活用品、生鮮食料品まで扱う総合オンラインショップへと変貌していった。

(2) 直取引の拡大

こうしたなかアマゾンは、年末年始、ゴールデンウイーク、お盆休みなど、出版物流が一時的に滞るときに出版社との直取引を行ない、直取引は読者サービスのためという名目で拡大していった。二〇一五年四月、アマゾンはＫＡＤＯＫＡＷＡとの直取引を開始した。一五年秋ころから中小出版社を対象に「Amazon.co.jp 和書ストア売り伸ばしセミナー」「和書ストア販売促進セミナー」などと銘打った催しをたびたび開催、e託取引という取次店を通さない直取引の勧誘を大々的にはじめた。

アマゾンが直取引を推奨する理由は以下の通りである。

1　取次店を通じた流通では、出版社に在庫があるのに取次店には在庫がないという状態、つまり「在庫ステータス」がない状態、在庫有り率が低く、注文商品を仕入れられないという機会損失が大きい。

2　取次店に在庫がない場合は出版社への取り寄せ注文になるが、入荷率は五〇％程度で、取り寄せまでに八日から十六日かかっている。

e託取引をすれば、出版社はe託セントラルという専用ポータルサイトで直接「在庫ステータス」を操作でき、「在庫ステータス」がない状態を極力減らすことができ，機会損失が減り，売上が伸びる。直取引なので取り寄せ日数も短縮できる。返品率も低い。

こうしたメリットを説明したうえで、宣伝用パンフ「Amazon.co.jp 和書ストアの仕組み」は要旨次のようにe託販売サービスの財務上のメリットを訴える。

1　取引条件は年会費九七二〇円で仕入れ正味は六〇％、支払いは締め後六〇日支払い。

2　取次ルートにみられる、「支払い保留」（注文品の仕入れ代金について一定率支払いを保留する＝引用者注）、委託の際に配本手数料として取られる「歩戻し」「地域格差是正協力金等」（地方正味格差撤廃負担金のことで、これは取次店の地方への運賃負担増を緩和するため版元が支払う協力金＝引用者注）、「ジャンル別掛け率」（書籍と雑誌、文庫・新書と一般書籍などとの間にあるジャンル別仕入正味。雑誌はボリュームがあるため、文庫等は低定価のため、通常より出版社出し正味が低くなる＝引用者注）などがすべてない。

3　全国書店チェーンや取次店では有料の「販売実績＆在庫レポート」販売データを無料で提供する。おおむね全国書店チェーンや取次店では、販売データや配本データは有料である。

そして最後に口頭で「キャンペーン期間中に取引に応じるなら仕入正味六五％でも良い」と強く勧誘した。

こうした勧誘キャンペーンが繰り返し開催され、二〇一六年一月二十八日、東京・目黒の目黒雅叙園に販売契約協力している出版社などを集めて、二〇一六年の方針説明会を開催した。説明会では、『ＹＥＳ　直取』という合言葉を掲げて直取引の説明をして、現在より直取引出版社数を二倍にしたいと表明した。

(3) アマゾンが大阪屋を直撃

出版市場の急速な落ち込みと書店の閉店が続くなかで、取次店にもアマゾンの影響が出てきた。二〇〇一年には人文社会科学専門取次の鈴木書店が破産した。鈴木書店は人文社会科学系の老舗版元からの高正味仕入れと大手書店への低正味卸しの狭間で、利益率が悪化して倒産した。一〇年六月には教科書販売の取次店で経営不振の日教販が、日販や三菱東京UFJ銀行、旺文社などに第三者割当増資を実施、三菱東京が筆頭株主になった。一三年七月には、法経書専門取次の明文図書が自主廃業した。

業界三位の大阪屋は、アマゾンの日本進出以来、主帳合として売上を伸ばしてきたが、二〇〇八年には新刊本の主帳合を日販に変更され、一二年には既刊本も主帳合を同じく日販に変更されたため、急速に業績が悪化した。アマゾンとの取引縮小、ブックファーストのトーハンへの帳合変更（二〇一三年四月）、ジュンク堂書店新宿店閉店などが売上減につながった。

大阪屋の危機はアマゾンとの取引縮小が原因である。〇八年に過去最高の一二八〇億円の売上高をあげたが、その後は売上減が続き一三年には九四三億円まで減少した。

二〇一三年四月に東京支店を売却し、リストラを行なったが、同年六月四日付「日経新聞」が、楽天などが大阪屋に資本参加と報道、経営危機が表面化した。

債務超過は五六億円で、二〇一四年四月に大阪本社（四一億円）を売却するとともに十一月に三七億円の第三者割当増資を行なった。三七億円の内訳は、楽天が一四億円（出資比率三五・一九％）、

ＤＮＰ、ＫＡＤＯＫＡＷＡ、講談社、集英社、小学館が各四億六〇〇〇万円（同一一・五六％）である。

二〇一五年六月の第六八期決算で、売上高六八一億円、本社売却益などで当期純利益二二億四〇〇〇万円を計上、債務超過を解消したと発表し、経営不安は一服した。しかし、本社や関西ブックシティ（同社最大の物流倉庫）などほとんどの不動産を売却し、楽天の物流倉庫を借りて物流オペレーションをするという脆弱な経営体制は、再び経営不安を招来することとなる。

（４）栗田出版販売の民事再生

二〇一五年六月二十六日、業界四位の老舗、栗田出版販売が東京地裁に民事再生手続きの開始を申し立てた。負債総額は約一三五億円、出版取次としては過去最大の倒産となった。大口債権者は、小学館六億七〇〇〇万円、集英社六億六〇〇〇万円、ＫＡＤＯＫＡＷＡ五億一〇〇〇万円、講談社三億八〇〇〇万円、などとなっている。

栗田出版販売は、戸田書店（静岡）、書原（東京）などのユニークな中堅書店グループ、岩波ブックセンター信山社、往来堂、Ｂｏｏｋｓ隆文堂（以上東京）、本の店英進堂（新潟）など個性派書店を多く抱えていた。またかつてはＷｏｎｄｅｒＧｏｏ、青山ブックセンターを帳合書店としていたが、他取次に帳合を奪われるなどした。

二〇〇一年九月期の売上高は五九七億円だったが、一〇年に四六三億円に減少、それ以後は赤字計上することが多く、一二年に本社売却などでしのいだが、一四年九月期の売上高は三二九億円まで低下、当期損失二億六二〇〇万円だった。

雑誌の売上不振とそれに依存する帳合中小書店の廃業、アマゾンなどのネット書店の伸張が影響したという。

七月六日に開かれた債権者説明会で民事再生申立代理人弁護士から民事再生計画案の説明があった。それによると、

〈出版社の売掛金は凍結される一方で、栗田書店帳合の店頭在庫の返品については、来年春の吸収先である大阪屋経由で出版社は買い取れという内容である。「返品が予定されている出版物の取引は、買主（取次店）のみに片面的な解約権がある売買取引」（栗田民事再生説明会資料9 よくあるご質問と回答）なので、出版社は「返品を受け入れていただく義務がある」〉（拙稿「栗田出版販売の民事再生と正味問題」、『出版ニュース』二〇一五年十月上旬号）という。

自社の書店在庫の返品を大阪屋経由で買い取り、大阪屋口座の支払いから減額控除されることには、「人の道に反する」との抗議まで飛び出した。栗田の返品率は四五％程度だから、一〇〇〇万円の貸し倒れがある版元は新たに四五〇万円の返品を大阪屋から買うことになり、合計一四五〇万円の損ということになる。鈴木書店のケースでは、例えば貸し倒れ金一〇〇〇万円があった場合、返品入帳期間半年間あまりで四五〇万円の返品があり、差し引きして最終精算の貸し倒れは五五〇万円ということになった。二・五倍以上の差がある。版元としても取引先が倒産した場合、債権額までは覚悟しても、それ以上に負担を強いられるいわれはない。売掛金と相殺できるのなら出版社は返品を受け入れるが、

売掛金が凍結されているため相殺できないので、どうにも納得がいかない。

出版社の猛烈な抗議で、大阪屋は返品をお願いするだけで、販元は申し出を断れる（事実上断れないが）と説明され、また一カ月程度の凍結債権の減額などの修正案が再生代理人から提出されたが、再生スキームそのものに本質的な変わりはない。

こうしたことから、出版協は七月二十四日に、「改めて、栗田出版販売民事再生案スキームを撤回するよう求める」声明を発表し、出版梓会などの専門書版元も再生案二次卸スキームに「質問する会」を組織し、偕成社や有斐閣、インプレスなど専門書版元を中心に五八社が事実上反対に回った（前掲同）。

十一月五日付で、栗田出版販売の民事再生案が東京地裁から一斉に送られてきた。同時に栗田出版販売から、栗田出版販売株式会社代表取締役名の「弊社再生計画案のご案内」、大阪屋代表取締役名の「栗田出版販売株式会社との『統合』に関しまして」、各社別の「再生計画案における弁済要旨」が送られてきた。

①五〇万円以下の少額債権（総額七三〇〇万円）は全額一〇〇％弁済する。
②非少額債権者は、非少額債権のうち五〇万円は一律で弁済する。
③非少額債権のうち五〇万円を超える債権部分に対して、第一回弁済は一三・二％、追加弁済予定として四・二％、合計して一七・四％の弁済を目指す。

再生債権額計一一一億一六〇〇万円に対し①から③までの弁済見込額は計二三億七八〇〇万円となり、予定全体弁済率は二一・三%となる。

また再生債権のうち栗田からの返品を、統合予定の大阪屋経由で入帳することに対して出版社からの不満、抗議が強く寄せられたことから、一カ月程度の返品分を再生債権から減額することにした、いわゆる「返品相当額」を加えると、予定全体弁済率は三二・〇%となるという。

この結果、出版社を大多数とする二〇〇〇社あまりの再生債権者は約九〇〇社と減少し、十二月二十四日の債権者集会で承認され、再生計画は実施された。しかし、この再生スキームは今後、同様の事態が起きた場合に適用される可能性があり、出版社にとっては悪しき先例と言える。

栗田出版販売を統合した大阪屋は、二〇一六年四月一日より株式会社大阪屋栗田として再スタートを切った。

(5) 太洋社の自己破産

二〇一五年の栗田出版販売の民事再生につづいて、一六年二月五日、今度は業界第五位の太洋社が自主廃業を取引先に通知した。同社は三〇〇法人八〇〇店舗の書店と取引していた。都内老舗書店・芳林堂書店の太洋社への支払いが滞っていたため、太洋社が遂に商品供給をストップしたことから、一気に噂が広がっていたが、自主廃業かどうかは不明だった。

業界紙によると、業界第五位の太洋社は二〇〇五年六月期に売上高四八七億円を記録したが、それ以降売上高が減少し、一五年六月期の売上高は一七一億円にまで落ち込み、純損失約八億二三〇〇万円を計上していた。このため一〇年ごろから本社など不動産の売却でしのいできたが、四年連続の赤字決算で、一〇億以上の繰越欠損を抱え、再建の見込みが立たず、自主廃業を決めたという。

太洋社がこの十年間で三分の一近く売上を減少させたのは、単に出版不況というだけでは説明がつかない。書籍・雑誌の推定販売金額は、二〇〇五年の二兆一九六四億円から一五年は一兆五二二〇億円と約三〇%減少している。この比率を当てはめると太洋社の売上は三四〇億円程度の水準に止まっていていいはずだ。ところがさらに一七〇億円程度の売上を失っている。原因は取引書店が他取次店に奪われたということらしい。

業界紙や小社の記録を辿ると、二〇〇八年に文真堂書店がトーハンへ帳合変更をしたのを皮切りに、一二年には、いまじん（大垣店、大桑店）が日販に、こまつ書店（六店舗。十月）、喜久屋書店小樽店など五店舗（十二月）がトーハンに、そのほか東武ブックス（十数店舗）、ブックスフジ（二店舗。一三年二月）などが帳合変更し、四三億円の返品が発生した。書泉を吸収したアニメイトも他帳合となった。一三年にはハイパーブックス（滋賀六店舗）が日販に、一五年二月には図書館流通センター（TRC）が日販などに、同年九月にはブックスタマ（一二店舗）がトーハンに帳合変更した。一六年になって大洋図書のFC店一八八店が日販へと帳合変更した。

こうしてみると、トーハン、日販による草刈場の様相を呈している。出版不況のなかで生き残りを懸けた大手取次店による帳合はぎ取りにあい、今日の事態を迎えたといえよう。これに耐えるのは難しい。

太洋社は二〇一六年になると主要取引先である芳林堂書店からの売掛金の回収が遅々として進まず、二月六日、同店への送品を停止し、八日、取引する出版社と書店に対して自主廃業することを正式に説明した。

二月二十六日には、主要取引先の芳林堂書店が東京地裁に自己破産を申請し同日付で破産手続き開始決定を受けた。負債は二〇億円。関連店舗は高田馬場本店他八店舗。太洋社は芳林堂書店に対する売掛金など八億円が焦げ付き、三月十五日、自主廃業を断念、東京地裁に破産を申請し、即日開始決定を受けた。

芳林堂書店は、商号を「株式会社芳林堂書店」から「株式会社S企画」に変更して自己破産を申し立てた。また、その直前に書店事業は書泉（東京都千代田区）に譲渡し、トーハン帳合で事業を継続、外商部事業は書泉の新設分割会社「株式会社芳林堂書店外商部」が事業継承するという離れ業を演じた。太洋社は焦げ付きを回収できず、ババを引かされる結果になった。

また芳林堂書店にあった出版社の常備寄託品（出版社の書店展示用社外在庫）の一部が出版社に返品されず書泉の在庫となったため、書泉からの返品時に旧芳林堂に納品した自社常備寄託品を出版社が買うことになることから、出版社と書泉・トーハンとの間でトラブルになった。常備寄託品としての返品入帳を主張する出版社と所有権を主張するトーハンと書泉、そして太洋社破産管財人との交渉で、旧芳林堂書店から出版社に返品されることになったが、交渉に参加しなかった出版社は泣き寝入りすることとなった。この間の事実経過のみを伝える短いニュース記事もトーハン首脳の業界紙への圧力でボツになった。

東京商工リサーチ調べによると、三月十四日までに太洋社の自己破産により休業や廃業した書店は、友朋堂など一四書店一六店舗というが、その後も影響は続いた。

⑹ 経営不安を伝える「出版状況クロニクル」を脅した大阪屋が楽天の子会社に

二〇一七年十二月ころからまたも取次の大阪屋栗田の資金繰りの悪化の噂が業界に流れた。「大手版元に支払いの繰り延べを依頼した」、「楽天が大阪屋栗田から離れる」といった噂である。「楽天を引き留めるための意図的なリークでは」というひうがった見方もあった。同社の資金繰りの悪化が出版評論家の小田光雄の「出版状況クロニクル一一八」(二〇一八年三月一日)に掲載された。「大阪屋栗田が大手出版社に対し、支払手形をジャンプ：業界紙などではまだ報道されていないし、報道できないとも考えられるが、複数の確実な情報筋から伝えられてきたものである」「大阪屋栗田の近傍や周辺が、もはやどうしようもなく、ここまで事態が切迫している」「楽天も大阪屋栗田から離反するとささやかれている」と書いた。

これに対し大阪屋栗田は三月六日付で「当社に関する虚偽情報の発信に関して」という「ニュースリリース」を出して法的措置にでると脅した。そして五月二十五日付で楽天は大阪屋栗田をあくまで支援するとの声明を発表した。

この間の「出版状況クロニクル一一九」（二〇一八年四月一日）は次のように伝えている。

出版業界は何よりも言論の自由を前提として成立しているし、その流通を担う取次がそれを知らぬはずもあるまい。まして社長は講談社出身（当時＝引用者）ではないか。それにまったくの「虚偽情報」であれば、まずダイレクトに本クロニクルに抗議し、反証を示し、論議を交わし、謝罪を要求すべきではないか。言論に関しては言論でというのが言論の根幹であることは自明のことだ。もちろん本クロニクルにしても、納得できる反証が示され、論議を尽くすプロセスを経ていれば、訂正謝罪もしたであろう。

しかし「一部のブログ」とされているだけで、本クロニクルにはまったく抗議も接触もなく、ここに示されているように、法的「恫喝」を加え、株主の大手会社と出版社名を並べ、出版業界における個人の言論を圧殺することに終始している。

実際に「本クロニクル一一八付記二」のような事態が生じ、削除を強いられることになるのだが、これも法的規制から具体的に書くことができない。だがネット事情に通じた読者であれば、すぐに事情はおわかりだろう。

大阪屋栗田がプロバイダーに虚偽情報だから削除するように要求した結果と思われる。取次店の言論感覚を示す好例である。結果、五月二十五日付で大阪屋栗田は次のようなニュースリリースを出した。

株式会社大阪屋栗田（本社：大阪府大阪市、代表取締役社長：服部達也）（以下「大阪屋栗田」）は、本日、第三者割当増資を実施し、楽天株式会社（以下「楽天」）、株式会社KADOKAWA、株式会社講談社、株式会社集英社、株式会社小学館（以下「出版四社」）および大日本印刷株式会社（以下「DNP」）の六社より追加出資を受けました。これにより、大阪屋栗田に対する楽天の出資比率は五一・〇％となり、大阪屋栗田は楽天の子会社となりました。

楽天、出版四社およびDNPには、二〇一四年十一月より当社に資本参加していただき、以降、大阪屋栗田の経営に関する多くの助言や支援を賜ってきましたが、今後は、楽天が持つ会員基盤やIT基盤の活用、出版四社の持つコンテンツおよびDNPの持つ流通網と大阪屋栗田が有する物流基盤や書店ネットワークとの連携強化を通じ、従来の取次ビジネスの枠にとらわれない幅広い事業分野への取組みを検討していくとともに、株主各社との連携をさらに強化し、出版流通基盤の安定化と出版業界のさらなる発展に貢献してまいります。

なお、増資後の出資比率および新経営体制は以下の通りです。

出資比率：
楽天株式会社　五一・〇％
株式会社KADOKAWA　九・五％

株式会社講談社　九・五％
株式会社集英社　九・五％
株式会社小学館　九・五％
大日本印刷株式会社　九・五％
株式会社ＯＳＳ　一・六％

六社の増資総額は「四〇億円弱」（「日経新聞」六月二十五日付）とみられる。「出版状況クロニクル」が伝えたとおりであった。経営が健全であるのなら、どうして増資を仰いだり子会社になるのか？大阪屋栗田が三年間で三七億の増資分を食い潰したということは毎月一億円以上の赤字と言うことになる。テナント契約満了によるジュンク堂書店など大型書店の閉店は必至であり、出版売上の好転が考えられない以上、増資分の効果は最長三年というところであろう。大阪屋栗田の命運は親会社の楽天次第となった。

第４節　アマゾンのバックオーダー中止と日販の危機

(1) アマゾンが日販バックオーダー中止に

出版社直取引を推進するアマゾンジャパンは、二〇一七年五月、日販からの非在庫商品取り寄せ「日販取寄せ発注」を六月三十日で中止する旨を約二〇〇〇の出版社に通知した。日販に在庫していない商品の日販経由での取り寄せ発注を中止するというのである。

この衝撃的な事態に出版ニュース社から依頼され、「アマゾンバックオーダー中止と出版の危機」(『出版ニュース』二〇一七年七月中旬号)を寄稿した。

▼アマゾンの重要なお知らせ

重要なお知らせ

「商品調達および帳合取次との取引に関する変更について」

(前略)日本出版販売株式会社様(以下、「日販様」といいます。)を経由した書籍の仕入れに関する重要な変更についてお知らせします。

弊社は、日販様を含む様々なチャンネルを経由して、新刊(書籍)と既刊(書籍、雑誌、コミックなど)を仕入れております。現在、日販様を経由した既刊の取引は、①日販在庫商品仕入れ(以下、「日販スタンダード発注」といいます。)と②日販非在庫商品取り寄せ(以下、「日販取寄せ発注」といいます。)の二種類あります。日販取寄せ発注は、主に日販様が常時在庫していないロングテール在庫を補充、維持するための仕入れです。

この度、弊社は、中長期的なお客様のショッピング体験向上の見地から、日販取寄せ発注を、二〇一七年六月三〇日をもって終了することを決定いたしました。

※弊社は、引き続き、日販様への新刊発注（書籍）、日販スタンダード発注、株式会社トーハン様への新刊発注（コミック・雑誌）は継続してまいります。

皆様におかれましては、今後は日販スタンダード発注に引き当たる在庫商品を増やしていただくことをご検討下さい。また、弊社のe託販売サービス（略）での直接取引の開始・拡充も、日販バックオーダー発注に代わるものとして、おすすめさせていただきます。（後略）

平成二九年五月吉日

アマゾンジャパン合同会社書籍事業部購買統括部

インターネット書店を含め小売書店第一位のアマゾンジャパン合同会社（以下アマゾン）は、去る四月二十八日、主要取次店の日販との取引のうち、日販非在庫商品取り寄せ＝「日販取寄せ発注」を六月三十日で中止する旨を、約二〇〇〇の出版社に通知した。

▼カスケード

アマゾンの書籍の仕入れは多様である。①取次店ルート、②出版社直接ルート、③e託取引（小規模出版社や個人）などである。大部分の取引は取次店経由の仕入れで行われ、主取引取次店は日販で、以下に大阪屋栗田、日教販、鍬谷書店などが続いている。②出版社直接ルートは、「売上上位五〇社のうち三〇社がなんらかの直接取引を開始」（種茂事業企画本部長、新文化一七年五月二十五日付）していて、ＫＡＤＯＫＡＷＡはアマゾンと全面的に直接取引していることで知られる。③e託取引は、全国四〇〇〇の出版社のうち二〇〇〇社が取引しているという。書籍をアマゾンに直接委託して売れた分だけ支払いが行われる。

取次店ルートは、新刊委託を除いてカスケード（連続した小滝）といわれる方法によっている。読者からの注文は、アマゾンに在庫していない商品についてはまず日販（第一段の小滝）に発注され、在庫があれば発注が完了するが、ない場合は大阪屋栗田（第二段の小滝）に在庫照会され、在庫があれば発注が行われる。それでもない場合は第三段の小滝、第四段の小滝へと流れ下るように発注され、この発注サイクルが三回繰り返される（スタンダード発注。アマゾン倉庫までの調達日数二〜三日）。それでも取次在庫がない場合は、最終的に日販から出版社に商品が発注される。これが日販非在庫商品取り寄せ、バックオーダー発注といわれるもので、調達日数は二、三日から二週間（前掲種茂氏。通知に同封された「Amason.co.jp 和書ストアの仕組み」では八〜一六日）で、アマゾンや読者のフラストレーションは高まる。そこでアマゾンは「中長期的なお客様のショッピング体験向上の見地から日販取寄せ発注を終了する」というのである。出版社への取り寄せ発注で時間がかかるのは一般書店やその読者も同様である。

▼アマゾンの「売り上げが大幅に毀損される結果に」

日販取寄せ発注終了の理由についてアマゾンは、弊社は、欠品率（スタンダード発注で調達できなかった率のことで、調達できた率は引当率という＝筆者注）改善のために日販様と度々協議をもたせていただきましたが、在庫拡充および欠品率の改善についての建設的な合意には至ることができなかったという。

「日販と定めた引当率の目標からは一〇ポイント以上の開きがあります」（前出種茂氏）。売上上位数社の引当率は改善され高水準だが、「一方で、中小規模のスタンダード発注は改善されず、当社の注文がどんどんバックオーダー発注にまわってしまう。結果、中小規模出版社の売上げの四割が、現在バックオーダー発注からの仕入れに依存してしまっています」（前出種茂氏）。

ロングテール商品を売り延ばすことが得意なアマゾンとしては、不満も出よう。

「日販による引当率改善は一部の出版社にとどまっている。このままだとロングテール商品の引当率がさらに低下し、バックオーダー比率が高まると予想された。商品が手元に届くまでの時間が長くなると、購入そのものをやめてしまう人がいる。出版社や著者にとっても販売機会の喪失になってしまう。現に四月初旬に欠品率は大きく上昇し、当社の売り上げが大幅に毀損される結果となった」（村井良二バイスプレジデント、『週刊東洋経済』二〇一七年六月二十四日号）。

とくに三月二十六日から四月二日にかけては、欠品率は五〇パーセントを越え、数億円レベルで売上が毀損されたという。

「もう我慢ならない」ということで、日販取寄せ発注終了となったのであろうが、日販は五月二日「これまで日販では、Ａｍａｚｏｎ様と目標を共有し、出版社様のご協力もいただきながら、取り寄せ調達のスピードアップに関する改善努力を続けて参りました。そうした中、今回Ａｍａｚｏｎ様の一方的な通告を受けたことは、大変遺憾に思います」との見解を発表した。日販の大河内充常務は前掲誌のインタビューに「あまりにも唐突なやり方だ」と怒りを滲ませて答えている。

▼直取引の提案

アマゾンの出版社への提案は、①「今後は日販スタンダード発注に引き当たる在庫商品を増やしていただくことをご検討下さい」、②「弊社のｅ託販売サービスでの直接取引の開始・拡充も、日販バックオーダー発注に代わるものとして、おすすめさせていただきます」ということである。日販にないものは版元から直接取り寄せたいということだ。資料やカタログの周到さからも、かなり前から準備されていたとみられる。

①については、後で触れるとして、アマゾンの狙いは②にある。出版各社に送られてきた資料でも、各指標の「標準値」として「欠品率：三〜四％、リードタイム：二〜三日、引当率九〇％前後」が示され、該当出版社の過去約五年間の売上推移、欠品率、引当率、リードタイムなどの実績が比較され、一七年二月まで二五カ月間の「日販様取寄せ注文金額」が示されている。上位の優良大出版社の数値を「標準値」とすることで、どれだけ該当出版社の機会損失が大きいかが強調され、ｅ託販売に切り替えることが推奨される。

「Amason.co.jp 和書ストアの仕組み」でも、現状の取次店取引の問題点を詳細に取り上げ、売上を最大化する方法としてe託販売サービスが提案されている。

▼中小出版社をe託販売サービスに誘導する作戦

このように、アマゾンは日販在庫引当率の低下を根拠にして、中小出版社をe託販売サービスに取り込もうとしているとみられる。しかも今回は、アマゾンがEDI（電子データ交換）取引をしている倉庫会社と連携して、e託販売サービスに誘導しようとしているところに特徴がある。

EDI連携倉庫会社に在庫を置いてe託を行えば、アマゾンで欠品となっても連携倉庫会社に発注され、倉庫会社の定期便ですぐに納品が行われるから、欠品率も低くなり、リードタイムも短縮されることになる。連携倉庫会社は大村紙業、河出興産、京葉流通倉庫、工藤出版サービスの四社である。これらの会社は当然、日販とも取引がある。

前にも述べたが、e託販売サービスの仕入れは六〇％掛けであるが、アマゾンは六月三十日までに申込みをしてくれれば六五％で契約すると、出版社に秋波を送っている。アマゾンはしきりに否定するが、アマゾンの定期的な契約改定の手法を考えれば、すぐに六掛け（六〇％）に引き下げられるのは目に見えている。e託販売サービスはアマゾンからの注文発注がそのまま売上請求となるのではなく、アマゾンで売れてはじめて売上になるので、売掛回収は迅速とはいえない。

またアマゾンへの直接納品は各FC（フルフィルメントセンター＝物流拠点）別の納品仕様とな

るので梱包材料費が余分にかかり、さらに倉庫会社経由とはいえ納返品運賃の負担は出版社持ちとなる。アマゾンは否定するが、e託規約では返品着払いである。関係者の話によると、これらの経費に定価の一〇%程度がかかり、ベンダーセントラル利用の負担などを加えると実質正味は五〇%を切ることとなろう。現在、連携倉庫会社への問い合わせが急増し、小社の取引倉庫（アマゾンの主取引倉庫の一つ）でも新規対応ができないと漏らしている。

連携倉庫会社を利用できない出版社は、一冊納品でも宅急便を使い、返品着払いではおよそ採算が取れるとは思えない。

売上規模の中堅以上の出版社には、e託販売サービスではなく、②出版社直接ルートも考慮するとしているが、中小出版社がおいそれと応じてくれるかは未知数である。

こう見てくると、今回の日販バックオーダー発注中止は、一定程度直取引している大手出版社を全面的な直取引に勧誘する一方で、連携倉庫会社に在庫している中小出版社約六〇〇社（星野文化通信編集長の話）をe託販売サービスに囲い込もうという作戦と見ることができる。

▼両刃の剣とチキンレース

バックオーダー発注を中止することは、アマゾンにとっても両刃の剣である。アマゾンは、「地球上で最も豊富な品揃え」「最もお客様を大切に」を謳い文句にしている以上、商品調達ができないことは致命的である。思惑通り出版社をe託販売サービスに取り込むことができなければ、取次在庫なしでアマゾンは商品を調達できなかったことを読者に通知しなければならなくなる。それが続発すれば顧客離れが起きることは必至だ。

バックオーダー発注中止は主取引会社の日販に通告されているだけで、大阪屋栗田その他に通告していないのは、その保険のためとの見方が出てくるのは、こうした理由からだ。バックオーダー発注中止を、すべての取次店からのバックオーダー発注の中止と捉えている業界関係者は多いが、書協会員の出版社の販売部長がアマゾンにそのことを質問したところ、大阪屋栗田に対しバックオーダー発注をするかどうかはまだ決めていない、と答えたという。大阪屋栗田もその場合の対応は決めかねているという。同社も在庫拡充をしており、西日本の西宮や鳥栖のアマゾン物流センターのカスケードの第一段が同社なのも気になる。かつては主取引会社であったことからもやろうと思えばやれる。（二〇一七年七月三日付『文化通信』は、アマゾンは「関西以西の流通拠点（FC）向けに例外的にバックオーダー発注していた大阪屋栗田に対しても今後は行わない」と伝えた＝引用者）

さらにカスケードの下流の取次店から出版社に一括発注がでたりして、七月一日を前に視界はますます不良になっている（この原稿がでる七月八日頃には私の見通しも含めはっきりする）。

日販バックオーダー発注中止は、アマゾンと日販と出版社の三つどもえのチキンレースという見方もできる。出版社は浮き足立つことなく、静観することが必要であろう。

▼再販契約無視のe託販売

「e託販売サービス会員規約」第七条には、「甲（アマゾン）は単独の裁量で、乙（出版社）のタイトルの小売価格を決定します」と定めている。先の「Amason.co.jp 和書ストアの仕組み」には「Amason.co.jp は各出版社様と個別の再販価格維持契約は結んでおりません。ただし、出版社様が再販商品と指定している商品については、基本的に Amason.co.jp も同様に扱うことを想定しています」と説明している。

外国との契約は契約書に書かれていることがすべてである。アマゾンが小売価格を自由に決定できることが明記されていれば、それ以上でもそれ以下でもない。再販商品については再販価格を尊重するかのようなパンフレットの説明はなんの意味もない。

出版社が電子書籍で価格決定権を既に失い、紙の書籍でもそれを失えば、出版社はアマゾンに買い叩かれ振り回されるだけである。一方的に割引セールをされて協力金を請求されるだけであろう。

▼日販バックオーダー中止の影響

二〇〇〇年の上陸以来いまやアマゾンは、単なるネット書店から売上一兆二〇〇〇億円（二〇一六年一二月期）のeコマースの巨人に変貌した。アマゾンはディスクロージャー意識に乏しいグローバル企業で、しかも昨年のアマゾンジャパン合同会社の設立によって、財務内容を窺い知ることは難しくなった。

日販のアマゾン売上のうち、どのくらいがバックオーダー注文なのかは分からないが、一週間で数億円の売上が毀損されたと主張するのだから、週三億から五億円の毀損であったとすれば、年間で一五六億から二六〇億円のバックオーダーが日販から消えることになる。これを「それほど大きな話なのか」（前出大河内日販常務）といえるのだろうか。

アマゾンを含む日販のウェッブ注文は、王子流通センターに加えて埼玉県三芳にあるweb-BOOKセンターで行われている。延べ約四〇〇〇坪、在庫五五万点二六〇万冊の規模を誇り、二四時間稼働の日販の物流拠点である。しかし楽天ブックスが大阪屋に移るなどして稼働率が下がり採算も悪化したため三芳を撤退、web-BOOKセンターは日販の王子流通センター（在庫一五万点、六〇〇万冊）に年内に統合される。日販は否定するが、在庫アイテム数が減り引当率も下がるであろう。こうした動きを見越して、アマゾンは今回の措置に踏み切ったのかも知れない。日販としてはセンターの統合で重複銘柄をなくし在庫ステータスを整備、点数を拡充するというが、道は険しい。

▼何をなすべきか
米国の規制緩和要求に見られるように、アマゾンの出版流通分野での狙いは、著作物再販制度の廃止と小売店即ちアマゾンによる小売価格決定権の掌握による出版流通の覇権である。電子書

籍については価格決定権を既に奪い、紙の書籍でもe託取引を通じてあと数歩の所に来ている。

アマゾンの出版物流を始めから支えてきた大阪屋は、二〇一二年に主取次を外され、ダウンサイジングも間に合わず、翌年経営危機に見舞われた。今回の日販バックオーダー発注中止がカスケードランクの変更などに発展したら、トーハンに比べると財務基盤が弱いといわれる日販は大きなダメージを受けるであろう。

アマゾンがカスケードの順位を実績に応じて定期的に組み換えるということは、彼らの当然の手法であろう。その結果、取次店が倒産しようがリアル書店が倒産しようが、ビジネスの帰結としか思わない割り切りである。

しかし、そのたびに取次店が振り回されれば、日本の出版界自体が破壊されていくことになる。日販は日本最大の取次であり、日販がダウンサイジングをうまくやれればいいのだが、それに失敗すると、日販に多くを依存している出版社も書店も当然、死活的事態を迎えることになろう。「取次システムの崩壊」とか「近代出版流通システムの崩壊」との見方もできるが、我々版元にとっては出版そのものの「死」でもあるからだ。その意味から日販に対する意見や注文は多々あろうが、従来通りの取引関係を維持することが必要ではないか。日販に優遇されてきた大手・老舗版元には特にそれを求めたい。

出版協は再販制を守ることが読者に廉価で多様な本を提供できると考えてこれまで活動してきた。アマゾンの大幅なポイントサービスは一般書店を廃業に追い込むとして反対し、一五年春以来、小社も含め現在三社がアマゾンに対し出荷停止を続けている。一時的影響はあったが、アマゾンなしでも売上は順調だ。読者はアマゾンになければ書店を通じて注文してくるのだ。アマゾンの「卑怯な戦術による値引き」の影響で経営が「厳しい」（工藤丸善ジュンク堂書店社長発言）と言わせるまで書店を追いつめてはいけない。

いま業界では、業界団体が音頭を取って値引き販売をしたり、紀伊國屋書店などが直取引をしたり、アマゾンと同じことをして迷走と混迷を深めている。ある業界誌の編集長は、最近の業界幹部には哲学も戦略も感じられないと嘆いた。

再販制度など必要ないというのであれば別だが、必要と考えるのなら、その生殺与奪の権利を持っている出版社が動くしかない。必要なのは独仏のように出版社が毅然として再販制度を守る対策を講じ、政治を巻き込んでアマゾン対抗策を講じることである。

再販違反の大幅なポイントサービスには出荷停止で臨むのが効果的だ。出版物は出版社が創っているわけで、アマゾンが創っているわけではない。そしてその程度のことができなければ、遠からず目黒の門前に轡を並べることとなろう。

（六月二七日記）

(2) 拡大する直取引

二〇一八年二月二日、アマゾンジャパンは、東京目黒の本社で「二〇一八年方針説明会　Ｄａｙ Ｏｎｅ」を開き、出版社一八〇社四〇〇人超が出席した。説明によると、一七年に直接取引をはじめた出版社は、同社売上げが年間一億円以上の出版社が五五社あり、累計では一四一社になった。同年間一億円未満で年間一〇〇冊以上出荷している社では六〇五社、累計で二一八八社になった（『新文化』二〇一八年二月八日号など）という。総計で二三二九社である。

額面どおりに受け取れば、年間売上一億円以上の出版社が八六社から一四一社に一年間で六四％増えたということである。

アマゾンは日本での書籍売上は公表していないのでわからないが、『週刊東洋経済』二〇一八年六月二十四日号「アマゾン膨張」の推計によると、一六年のアマゾンの日本における本の売上を一五〇〇億円としている。この年の紀伊國屋書店の売上が一〇五九億円、丸善ジュンク堂書店は合計で七六九億円（「新文化出版流通データブック2017書店ランキング」『新文化』二〇一七年十二月七月号）だった。

アマゾンで年間売上一億円の出版社は、単純な売上比率でいうと紀伊國屋書店で七〇六〇万円の売上があることになる。「紀伊國屋書店二〇一七年出版社別売上げベスト三〇〇」によると、これに近いのは七〇七二万円の学陽書房で一七〇位になる。丸善ジュンク堂書店でいうと五一二六万円になる。「丸善ジュンク堂書店二〇一七年売上ベスト一〇〇〇社」によると五一五九万円が学芸出版社で二〇二位となる。紀伊國屋書店でいうと一七〇社中の一四一社（八二％）が、丸善ジュンク堂書店でいうと二〇二社中一四一社（六九％）がアマゾンと直接取引していることになる。あくまで推測だが紀伊國屋書店と丸善ジュンク堂書店のベスト二〇〇社程度のうちの七割から八割の中堅以上の出版社は、何らかの形でアマゾンと直接取引しているとみておかしくはないだろう。

出版評論家の小田光雄は、直取引出版社二三二九社を日本の総出版社数で割ると「単純計算しても、七割近くが直取引に移行したことを告げている」（出版状況クロニクル二〇一八年二月号）と述べている。

また、「売上げが年間一億円未満で年間一〇〇冊以上出荷している社では六〇五社、累計で二一八八社になった」ということは三八％の増加になる。直取引勧誘キャンペーンで取引を開始した六〇五社のほとんどはコマーシャルベースで営業をしている出版社であろう。それ以前の一五八三社の全てが年間数点しか発行していない零細出版社だと仮定して除外しても、一四一社＋六〇五社で七四六社となる。仮に丸善ジュンク堂書店の売上ベスト一〇〇〇社も商業出版社とみて間違いないので、アマゾンと直取引出版社七四六社は、ここにほとんど入ってくることになる。一〇〇〇社の約七五％はアマゾンと何らかのかたちで直取引していることになろう。

こうしたことから「売上げに占める直接取引比率が最大だった一六年十一月十一日が三六％、一七年八月二十六日が四五％と、その比率は高まっている」（同『新文化』）という。それほどオーバーな数字とも思えない。アマゾンと直取引をしていない出版社も多いので、推測の域をでないが、数字としては約四五％が直取引額ということになる。

筆者の取引倉庫会社（アマゾンの主取引倉庫の一つ）もアマゾンへの直納品がかなり増えているという。アマゾンは都合の良い情報しか出さないし、出版社は取次店に遠慮してアマゾンとの取引を口に出さないので、推測するしかないのだ。知り合いの複数の出版社もフルの直接取引を開始している。

日販王子流通センターのｗｅｂ‐ＢＯＯＫセンターの在庫を拡充し引当率が改善されたことは事実であろう。アマゾンの直取引は目論見どおりには進んでいないとの声もきこえてくる。文化通信社によるアマゾン売上上位一〇〇社へのアンケートは「バックオーダー終了で直取引開始は少数」との結果を報じているが（『文化通信』一七年十月九日）、アンケート回収が三六社である点が気になる。しかし、以上の推計からみると、アマゾンの日販バックオーダー中止＝直取引拡大の戦略はほぼ成功したといわざるを得ない。

終　章　出版敗戦前夜

第1節　アマゾンのポイントカード導入以後の出版業界

(1) 激減する出版物販売

冒頭の二〇一四年五月のアマゾン出荷停止の記者会見からもう四年半が過ぎた。三社はいまも「小社書籍はアマゾンへは出荷停止中です」との新聞広告を出し、出荷停止を続けている。その間、出版不況はますます悪化し、底なしの事態となってきている。

数字を概観しておこう。まず出版物の売上の推移である。二一三頁に掲げた表は出版科学研究所による一九九六年から二〇一七年までにおける各年別の出版物推定販売金額である。

前の分析と多少重なるが、この四年間で販売推定金額は一兆六〇六五億円（二〇一四年）から一兆三七〇一億円へと一五％減少し、書籍は七五四四億円から七一五二億円へと五％強減少し、雑誌は八五二〇億円から六五四八億円へと二五％近く減少した。販売推定金額は一九九六年のピーク時に比べ半減し、書籍は三五％減、雑誌に至っては六〇％近い減少である。販売推定金額二〇一七年の落ち込み幅六・九％はこれまでで最大で、雑誌の一七年の落ち込み幅は一〇・八％とこれも最大の落ち込み幅である。もはやきりもみ的な墜落局面に突入したとしか思えない。

書籍の販売減は雑誌ほどひどくないが、コミックス、文庫、新書の落ち込みが目立ち、なかでもコミックスの販売減はとどまるところを知らない。紙のコミックスは約一四％減少、電子コミックスは一七％増大し、結果、二〇一七年の電子コミックス（書籍）の売上は一七一一億円となり、紙のコミックス一六六六億円を逆転した。漫画はスマートフォンで読む時代となった（出版科学研究所「電子出版市場販売金額」など）。

雑誌はスマートフォンやｄマガジンに押され、凋落するだけである。「雑誌読み放題!! 二〇〇誌以上が月額四〇〇円」のｄマガジンなどへの打つ手はない。こうした流れに乗らない雑誌だけが生き残る可能性はあるとしても、雑誌を軸にした取次流通システムは、ダウンサイジングしながら書籍を軸にした取次流通システムに転換しないと、近々、破綻を免れないであろう。

(2) 書店も壊滅的減少

書店の推移も見ておこう。

アルメディアの推計によると、一九九九年の二万二二九六店から二〇一七年には一万二〇二六店にまで減少した。約半減し一万店以上の書店がなくなった。売り場面積を有しない本部、営業所などの一二九六店を含んでいるので、実際に売り場のある書店数は一万七三〇店となる。一九年に一万店を切ることになろう。総坪数も一三年をピークに五年連続で減少し、閉店数が出店数を大きく上回り、大型閉店が続くことから総坪数もさらに減少するであろう。

二〇一七年七月にトーハンが発表した統計によると、全国一八九六ある自治体・行政区のうち、本屋が存在しない自治体・行政区は四二〇件にのぼる。つまり自治体・行政区の五つに一つには書店が存在しない。二〇一五年が三二二件だったから三年間で二五％も増えたことになる。最近では山手線内や首都圏の鉄道駅前に本屋がないのもめずらしくない。あきらかにアマゾンなどのネット書店の影響である。

出版社数も減少に歯止めがかからない。二〇一七年の出版社数は三三八二社、前年比で五二社減少した（『出版年鑑』二〇一八年版、出版ニュース社）。毎年五〇社程度減少しており、三〇〇〇社を割り込むのもそう遠い話ではなかろう。最近の傾向としては、出版社がドラスティックに倒産、廃業するのではなく、大手出版社、大手印刷会社、大手書店に救済・子会社化されたりする例が多くなっている。知らない間に系列傘下になっているのである。また、銀行などの金融機関が中小出版社の事業承継やM&Aの仲介をしたりする例も増えている。

例えばCCC（カルチュア・コンビニエンス・クラブ）は、二〇一五年に美術出版社、一七年に徳間書店、趣味系の徳間書店子会社のネコ・パブリッシング、主婦の友社などを買収している。DNPは子会社に丸善出版を持ち、持分法適用関連会社に教育出版がある。

講談社が二〇一六年にオタク系アニメ漫画の一迅社を子会社化したが、その他は子会社が孫会社化したりするので、大手出版社による救済・子会社化はみえにくい。

このように出版業界は急速に縮小する一方、アマゾンは順調に業績を延ばしている。

二〇一七年五月九日、丸善ジュンク堂書店の工藤恭孝社長による、日経BPマーケティング特約会での挨拶について、『新文化』（二〇一七年五月十八日号）コラム「社長室」は次のように伝えている。

外資系ネット書店が台頭してからは、「卑怯な戦術による値引きほか、無料配送などが本好きの読者に支持され、非近代的な当社の書店は急ブレーキを踏まされることになった」と表現した。なかでも、ネット書店による検索機能は広く一般書店に浸透し、本を探すのに苦労する大型書店は「ただの不便な店になった」と話す。

電子書籍、検索機能など、読者の利便性が高まるにつれ、大型のリアル書店が疲弊する構造を口にし、「化石みたいな商売による、ギリギリの経営」を続けるリアル書店のこれからを案じた。悲痛な言葉を重ねる。工藤社長が自社の経営や戦術に踏み込んで話すことは珍しく、会場にいる二〇〇人の関係者は息を呑んで静まりかえった。

同年六月、フランスは、リアル書店を守るためオンライン書店の無料配送を禁じる反アマゾン法を制定した。

同年十一月一日、丸善ＣＨＩホールディングスは一九七六年にジュンク堂書店を創業した工藤社長と同社を支えてきた岡充孝副社長が退任したことを発表した。

第2節　日販決算

(1) 日販の二〇一七年度決算が意味するもの

二〇一八年五月三十日、日販は第七〇期（二〇一七年四月一日〜二〇一八年三月三十一日）の決算を発表した。そこには、雑誌・コミックスの急速な販売減に加え、アマゾンのバックオーダー中止による影響が出てきている。

日販の第六九期（二〇一六年四月一日〜二〇一七年三月三十一日）と第七〇期（二〇一七年四月一日〜二〇一八年三月三十一日）の単体損益計算書を見てみよう。

売上高　五〇二三億三〇〇〇万円　同四六二三億五四〇〇万円　▼三九九億四九〇〇万円

営業利益　一六億五五〇〇万円　同五億一〇〇〇万円　▼一一億五四〇〇万円

商品売上高は八%減で四一二億円減少した。なかでもアマゾンに直接関係する書籍売上高も二三九七億六三〇〇万円（七〇期決算報告書による。六九期決算報告書では二四八八億七二〇〇万円）から減少して二二七九億四八〇〇万円となり、一一八億一五〇〇万円（六九期決算報告書によると二〇九億二四〇〇円）減少した。六八期から六九期では書籍売上高が八億七六〇〇万円増えていたのを考えると、書籍売上高は急減した。六九期の書籍売上高が決算書によって違うのはどうしてかというと、書籍の売上を九一億円減らし、雑誌や新設されたコミックスに振り分けたためだ。理由は不明だ。アマゾンの雑誌・コミックスはトーハン扱いなので、アマゾンの影響は一一九億円減少となる。それ以外の書店の売上減は雑誌とコミックスでカウントしての推測になる。

ともあれ日販の書籍売上高は、一一九億円から二〇九億円の範囲で、バックオーダー中止の年に減っているのである。二六八頁で、「一五六億から二六〇億円のバックオーダーが日販から消えることになる」と書いたのに比べれば、引当率の改善などで影響を抑えられたともいえる。販売管理費を逆に一一億円減少させたので辛うじて営業黒字になっているが、営業利益率は〇・三%から〇・一%に低下した。トーハンの営業利益は五〇億三二〇〇万円だから約一〇分の一である。「減益の要因は、本業である出版流通業の損益が営業赤字へ転じたことによるものです」（日販七〇期決算報告書）。日販の平林社長も認めるように取次業としては実質営業赤字なのである。

日販の現状は「今期決算の取次部門が黒字か赤字かのギリギリで、コンビニ部門はすでに大赤字、書籍部門も赤字で、雑誌の黒字がどこまで確保できるかという状況だ。会社全体としては不動産収入でようやく黒字を出しているだけで、経営的にはまったなしである」（『文化通信』二〇一八年三月十九日号の平林彰日販社長インタビューの『出版状況クロニクル一一九』要約より）。

アマゾンのバックオーダー中止と出版社のご都合主義の波をもろに被って赤字に転落したとみるのが、率直な見方であろう。

（2） 日販の「非常事態宣言」

決算報告では、「二〇一八年度の展望」として次のように報告している。

○中期経営計画　二〇一八年四月より、新たな中期経営計画「Build NIPPAN group 2.0」をスタートさせました。出版流通は危機的な状況にありますが、その大きな要因は、雑誌の急落にこれまでの商習慣やインフラが適応できていないことにあり、本という存在が持つ価値は衰えていません。「Build NIPPAN group 2.0」では、本の価値をこれからもお届けしていくために、「本を起点に広がる可能性に挑戦する」をコンセプトに、取次事業と小売業を本業と位置付け、「本業の復活」「本業を支える事業を成長させる」の二つを基本方針として掲げています。

「本業の復活」では、書籍で利益が出る流通モデルの確立と新たなマーケットの創造、さらに書店で利益を生み出し続けることのできるモデルの構築に取り組み、そのモデルをお取引先様へも提案し、共に成長する姿を目指します。

「本業を支える事業を成長させる」では、文具・雑貨、検定・映像などを事業化し、収益を高めることで、書店様の店頭の多様化を進めてまいります。

書籍で利益が出る流通モデルを確立させるために、更なる返品減少や販売冊数の維持、拠点の再編などに取り組み、書籍の流通構造を変えていきます。（以下略）

つまり、日販は「取次事業と小売業を本業と位置付け」、出版流通危機の要因を「雑誌の急落にこれまでの商習慣やインフラが適応できていない」ことにもとめ、「書籍で利益が出る流通モデルの確立」により本業の復活を目指すという。日販が本業に小売業を加えたのは初めてである。

『文化通信』（二〇一八年五月二十一日号）などによれば、日販懇話会で日販の平林彰社長は、取次事業が五億円を超える赤字に転落し、「取次業は崩壊の危機にある」と報告した。営業利益でトーハンの一〇分の一しかないという経営体質や、運賃問題以上にバックオーダー中止による売上減がでた影響とみるべきであろう。

(3) 日販の「非常事態宣言」の打開策

「出版状況クロニクル一一九」（二〇一八年四月一日）は「これは日販非常事態宣言というべきもの」と表していて、この「非常事態宣言」により、次のような抜本策を講じるという。

(1) 雑誌配送体勢の赤字を運賃協力金〇・三%の値上げで補填する。
(2) 仕入正味七〇%以上の高正味出版社の正味を七〇%まで引き下げる。
(3) 定価の低い文庫、新書、書籍扱いコミックスについても応分の負担を求めたい。

これらの抜本策で状況を打開し、「書籍が雑誌の配送に載るのではなく、書籍モデルを確立し、そこに雑誌が載るという大転換により、マスの世界ではなく、個性化している書店に合うかたちで商品や企画の提案をしたい」という。

まず(1)について考えてみよう。二〇一七年秋に運送業界全体で運賃値上げ問題が発生し、ヤマト運輸、日本郵便、佐川急便の宅配便は一八年春までに平均一二％前後の値上げを行なった。出版業界にも雑誌配送を中心に運賃値上げ問題が波及してきた。

輸送問題を抱える取次各社がそれぞれ、出版社に対して現状説明し、個別条件の見直しについて呼びかけているようだ。

雑誌を発行する出版社も、流通を担う取次会社も極めて苦しい現状で、各社各様に苦慮している。

雑誌出版社が取次会社に支払っている「地方運賃協力金」と「超過運賃負担金」は、かつて日本出版取次協会と日本雑誌協会によって、一律に定められ、不定期に値上げしてきた。しかし、取次会社の物流コストが高騰するなか、出版社が負担する地方運賃の負担率は一九九二年の「〇・五五％」、超過運賃は九三年の「一五・五〇円」から二五年以上改定されていない。

取次会社から出版社に提示された資料によると、運賃の値上げ額はこの数年、一億一〇〇〇万円から一億八〇〇〇万円だったが、二〇一七年度は七億円弱と急増。一八年度は現時点で四億円を超えている。わずか二年間で運賃が約一一億円上乗せされている。出版流通から撤退するとい

う運送会社が増えているため、取次会社は応じているようだ。（略）

（社長室「取次会社が個別条件見直しへ　根深い出版輸送問題で」『新文化』二〇一八年二月一日号）。

平林社長は「現在一〇〇社ほど回らせていただいていますが、『運賃協力金』の改定なので、雑誌を発行するすべての出版社にお願いするつもりです」（『文化通信』一八年三月十九日号）という。

第3節　正味問題の焦点

(1) 現在の正味体系

日販の打開策の(2)は「仕入正味七〇％以上の高正味出版社の正味を七〇％まで引き下げる」というものである。日販の平林彰社長は、「そもそも以前から、取次にとって書籍の事業は赤字です。雑誌で稼いだ利益で書籍への投資と赤字を補填してきたというのが取次業の構造です」（前掲紙）。しかし①雑誌の売上が減少するなかで、遠くない将来、取次業が続けられないという危機感がある。だから書籍で利益を出し、書籍だけで食べられる構造にしなければならない。②書籍に関しては日販が営業赤字を算出し、対象出版社個別に赤字額を示し、話し合いをしたい。対象出版社は赤字金額が大きい一〇〇社で、最終的に二〇〇社になるという（前掲紙）。

低正味や歩戻し、支払い保留などの差別的な取引条件を取次から課されている出版協加盟社のような中小零細出版社の立場からいえば、高正味でさまざまに有利な取引条件をもつ老舗出版社、大手出版社の取引条件を引き下げることは絶対に必要である。出版協も差別取引の是正を一貫して訴えてきた。拙稿「栗田出版販売の民事再生と正味問題」（『出版ニュース』二〇一五年十月上旬号）で正味問題に触れているので、一部再掲する。「栗田の民事再生」を「日販の非常事態打開」と読み替えてもらえばよい。

栗田民事再生について出版評論家の小田光雄は、「栗田の民事再生をめぐる問題は単なる取次の破綻ではなく、まず現在の正味体系と再販委託制に基づく近代出版流通システムの崩壊を、ついに露出してしまったことにある」（出版状況クロニクル八七）と指摘している。氏自身は栗田帳合の有名書店で長らく店長を務めるなどの経歴がある。筆者は氏の再販不要論には与みしないが、考えなければならない指摘である。

まず「現在の正味体系」を中心とした取引条件の問題点に踏み込むことなしに、栗田の再生はないのではないか。周知のように、出版社が書店の小売価格つまり定価を決定できる再販売価格維持制度（再販制度）を前提に、定価の何掛け（正味＝％）という形で、出版社→取次店→書店間の取引が行われていて、これが「現在の正味体系」である。出版社は定価販売をさせてもらう替わりに、一定の条件で返品をとる委託販売で本を売ってもらっている。

現在の正味体系を知る上で参考になる資料に、『新正味一覧表』という冊子（非売品）がある。

日本書店組合連合会（現在の日本書店商業組合連合会、日書連）が一九七三年（昭和四十八年）十月現在の出版社別の新正味を調べたものである。その前年にブック戦争というのがあった。これは、日書連が書店マージン正味二五％の獲得を目指して、高正味版元の書籍を店頭から撤去するなどして書店が不売ストライキをした、出版—書店間の正味戦争のことである。

一九七二年十月十八日に、日本書籍出版協会（書協）、日書連、日本出版取次協会（取協）が出版社出し正味二分五厘、取次出し正味二分引き下げで合意、「三者合意の最終覚書」を取り交わした（二八九頁の表）。冊子は、この結果に基づいて出版社別に取次店からの書店出し正味を集めたものである。

これをみると、

出版社別一本正味の場合、版元出し正味は六九・五％、七〇・五％、七一・五％、七二・五、七三・五、七四・五％とし、

取次出し正味はそれぞれに七・五％の取次マージンを加算し、

取次出し正味（都内）は七七％、七八％、七九％、八〇％、八一％、八二％とする。

また定価別正味制は次のとおりとなった。

版元出し正味は、六〇〇円未満六九・五％　一二〇〇円未満七〇・五％　三〇〇〇円未満七一・五％　三〇〇〇円以上　七三・五％で、

取次出し正味（都内）はそれぞれに対応して七七から八一％とする。

しかし、版元出し一本正味七四・五％以上の高正味出版社の老舗版元も多い。こうした事情から、この覚書では「高正味出版社は正味格差の圧縮に積極的に協力する」こと、六九・五％以下の「低正味のものは現状のままとする」などが合意された。また地方書店の運賃負担による「地方正味格差の撤廃」も合意された。

『新正味一覧表』をみると、大手・老舗版元などの正味は一般に限りなく高く、中小零細版元や新興版元は限りなく低いのがわかる。医薬系版元は交渉中で一覧表にないが、考えられないような高正味である。

詳しい経緯を省くが、「地方正味格差の撤廃」については、一九七四年に書籍正味を一律〇・五％引き下げ、また取次店への運賃負担協力金として取次店支払い額の〇・四％を出版社が負担することで合意した。さらに定価別正味の改訂が行われるなどしたため、この結果、取次マージンが八％となり、最低正味の場合、版元出し正味六九％、取次マージン八％、書店マージン二三％という形に落ち着いた。七五年には大手版元の文庫本正味も一～三％引き下げられた

一九八〇年代からは、取次店の寡占化の進行とともに、新規取引の場合、版元出し正味六八％、取次マージン九％、書店マージン二三％というのが一般化した。その後、九三年に日書連の個別の働きかけにより、講談社、小学館が書籍正味を版元出し一本正味六九％とし、九七年二月までに書籍関係一一五社、コミック二二社、雑誌・ムックについては同三月までに二二社が一～三％の見直しに同意した（前掲『日書連五十五年史』一〇八頁）。

■1972年10月18日付書籍正味に関する書協・取協・日書連覚書

新正味制覚書

一　今回の実力行使が、読者並に出版業界にとって極めて遺憾な事態であったことを深く反省し、斯る事態を再び、惹起することのないよう三者ともに堅く決意する。

二　統一行動に参加した書店は店頭の陳列を9月1日以前の状態に速かに復元する。

三　書籍正味の改定については、左記の通りとし、三者これに同意する。

昭和47年10月18日

（三団体代表者署名）

記

⑴定価別正味制　⑵出版社別一本正味

定価	版元出し正味	取次出し正味	版元出し正味	取次出し正味
600円未満	69.5	77	69.5	77
1200円未満	70.5	78	70.5	78
3000円未満	71.5	79	71.5	79
3000円以上	73.5	81	72.5	80
			73.5	81
			74.5	82

（注）（一）取次出し正味は、⑴⑵とも都内出し正味（二）一本正味選択社は現行正味より原則として版元出し正味を二分五厘、取次出し正味を二分引下げる（三）高正味出版社は正味格差の圧縮に積極的に協力する（四）低正味のものは現状のままとする。

⑶実施期日

一　新刊・重版　　昭和47年12月1日以降

二　在庫品、継続出版物　　昭和48年 7月1日以降

⑷地方正味の格差撤廃　　昭和49年 7月1日以降

⑸意見の未調整事項については別途協議する。

⑹出版流通の合理化と三者の利益増を目的とする責任販売制の具体案を6ヵ月以内に確定するための協議を直ちに開始する。

⑺新正味制実施に当って、業界三者による苦情処理機関を設置し、積極的に対処する。

⑻経済事情の変動によって、定価別正味のランキングに不合理を生じた場合は、二年後に協議する。

出所『新正味一覧表』日書連

しかし、応じた出版社数、引き下げ幅は充分とはいえず、老舗版元や医歯薬系版元などの高正味版元は一部が委託歩戻しなどに応じる以外は、「高正味出版社は正味格差の圧縮に積極的に協力する」という約束を反故にしてしまった。

ところが一方で、書店の全国チェーンなどでは、取次店に対し定価別ではない、いわゆる一本正味＝統一正味を要求し、取次出し正味で七八％から七五％、さらにはそれ以下というのもでてきた。こうなると、取次店は出版社別正味で仕入れ、大手書店チェーンには一本正味で卸すことになり、取次マージンが低くなる事態となった。大手寡占取次は、新規取引出版社の取引条件を買い叩いたり（正味六七％、新刊委託歩戻し五％、注文品代金支払い保留三〇％等）、既存出版社の条件を引き下げたりもできたが、中小取次店は高正味出版社の正味の引き下げも充分にできなかった。

▼正味体系の見直しが不可欠

前にも述べたが、二〇〇一年の暮れに鈴木書店が倒産した。この原因のひとつに高正味問題があった。同社は専門書の老舗版元などの高正味の本を、逆に一本正味（統一正味）で低い卸値で大手書店や大学生協に卸していた。七四％くらいの高正味の本を、大手書店チェーンなどに卸しても、マージンは三〜四％にしかならない。運ぶだけ損という冗談まで出る始末であった。

かつて大手取次店の仕入部長は、八％マージンの場合、返品率三〇％で最低マージン五・六％

■1974年11月21日付三者覚書

定価別正味ランク改訂に関する覚書

昭和49年11月21日　（三団体代表者著名）

記

昭和47年10月18日付三者覚書の新正味制覚書第8項により定価別正味の定価ランクを次の通り改訂する。

一	定　価	版元出し正味	取次出し正味
	780円未満	69掛	77掛
	1700円未満	70掛	78掛
	4200円未満	71掛	79掛
	4200円以上	73掛	81掛

二　取次出し正味改訂実施期日は、新刊、重版、在庫品、（含、取次在庫）、継続出版物の如何を問わずすべて昭和50年2月1日とする。

三　今回の改訂に際し、定価別正味制より1社1本正味制へ移行する場合は、従来の実質平均正味を上廻らないこととする。

四　定価別ランクの改訂については、今回の改訂後1年以内に協議する。

以上

『雑協　書協50年史』

を確保しないと取次店は商売をしていけないと話していた。それから考えれば、鈴木書店は老舗版元と大手書店チェーンとの狭間で、逆ざやで自己破産してしまったといえる。岩波書店をはじめとした同社の御三家といわれた版元などの正味はそのことを裏書きしていた。その後の中小取次の倒産廃業には、出版不況とともにこの問題がついて回った。

栗田やその支援にまわる取次店にしても、こうした事情に変わりはない。栗田は再生前に高正味版元の取引条件の改善に回ったが、うまくいかなかったという。出版不況による返品率の悪化、書店の倒産などは取次店の経営をもろに直撃するが、出版社別高正味仕入れ対書店低正味卸の低マージンも取次経営を圧迫する。

アマゾンと取引のあった取次関係者は、取引量は多くても利益がでないとこぼしていた。アマゾンの低正味は買い叩きそのものである。大手全国チェーンの書店からも利益はほとんどでないという。雑誌の利益が急減するなか、低い取引条件の街の書店と、同じく低い取引条件の中小零細出版社や新興出版社からしか実際には利益が出ないという関係者もいる。栗田にしても六期も経常利益がでない状態で、本業で黒字がでないのは普通ではない。さまざまな要因があったにしても、低マージンの問題がその中心にあったと考えられる。

栗田の民事再生、そして出版界の活性化のためには、「現在の正味体系」の改善が不可欠であり、そのためには①高正味を引き下げ、一定率以上の高正味を認めない、②新規参入出版社などの最低取引条件の設定などの改革が必要である。

また、③新刊委託への内払いの縮小、④注文品支払い保留の廃止や歩戻しの縮小など取引条件の平準化の課題がある。新刊委託の場合、通常六カ月後でなければ精算されないのだが、大手出版社・老舗出版社への内払いは翌月に全額から何割というように入金が見込めるので、粗製濫造、高返品率の温床になっている。

こうしたもろもろの取引条件の差は、高正味版元と中小零細・新規版元とでは一〇～一五％の差になる。取引条件の適正化は、過剰送品の抑制と新規参入を促すだろう。また、⑤再販契約違反の値引き書店には本を供給しない、⑥ネット書店よりリアル書店のマージンを多くする、などの業界的取り組みが必要であろう。

こうした対策に早急に取り組まなければ、また遠からず取次店の経営が怪しくなることは必至であろう。

取次店は、本を全国津々浦々の書店に配本し集金をしてくれる業界インフラとして、出版社、とりわけ中小零細出版社にはありがたい存在である。現在の取次店にさまざまな問題があるとしても、また中小零細出版社としてはさまざまな取引条件で不満があるとしても、だから取次店がいらないという理由にはならない。いま、取次店をパスして書店と直接取引しようという動きがいろいろあるが、その行き着く先は、さまざまな出版社が多様で多品種の出版物を読者に提供していく再販制度と委託販売制度の崩壊であり、リアル書店がなくなる砂漠のような風景ではないだろうか。

(2) 改めて取引条件のガイドラインつくりを

日販の思惑どおりに行くかはわからないが、高正味出版社の正味引き下げ、過度の内払いの是正は賛成であるが、同時に低正味、歩戻し・支払い保留等の差別取引の是正にも取り組むべきだ。しかしこうした業界的な問題は改めて業界全体での議論が必要ではないだろうか。

そこで問題になるのはポイント問題での公正取引委員会の対応である。一九七九年八月に公取委が

「事業者団体の活動に関する独占禁止法上の指針」を公表した。この指針によって、独占禁止法第八条の「事業者団体の禁止行為」が「事業者団体間による価格の交渉・決定にかかわる行為などを含め禁止行為として明確化されたためこれ以降業界団体間の正味問題の協議は行われなくなった。取引条件については当該事業者間個々のレベルで協議し決定することが求められたため、出版社、小売書店の直接の取引先である取次会社の存在感が大きく増すことになる。その結果、事業者間取引によって資本力のある事業者と中小零細事業者との取引条件格差は広がったといわれている」(前掲『日本雑誌協会　日本書籍出版協会50年史』四三頁)。

これ以降、大手取次店の窓口は、「取引は個々ですから」といってゴリ押しして、中小零細出版社や新規取引をもとめる出版社にとんでもない取引条件を押しつけてきたからだ。それら出版社の代表者や営業責任者の怒りと怨嗟は余りに深い。大手取次店の苦境を冷やかにみて、アマゾン歓迎、書店直取引歓迎の中小零細出版社が意外に多いのはこれに起因しているとしか思えない。

日販の平林彰社長の発言で気になるのは、書籍分野は「三〇年以上も前から、赤字」といっていることだ。高正味の是正をしなければ、取次が赤字になるのは当たり前である。一九七二年のブック戦争集結の際に取り交わされた、書協・取協・日書連の書籍正味に関する「覚書」で「高正味出版社は正味格差の圧縮に積極的に協力する」と約束したはずだ。日販はその努力をして来なかったということか？　高正味出版社が協力して来なかったということか？　その間にやってきたことは、小零細出版社に対する取引条件切り下げと新規参入出版社に対する過酷な取引条件の押しつけや取引拒否だったのか？　出版協は一九七九年の流対協の結成以来、正味問題を含め取引条件の是正を呼びかけてきた。会員出版社は大方が低正味で、取次店が利益を出せるマージンを払ってきている。高正味を是正するのは良いが、そのどさくさに「書籍の事業は赤字」だからといって会員出版社などになんらかの運賃負担などに名を借りた取引条件引下げをもとめるのは止めてもらいたい。大手取次の一方的なゴリ押しになってしまうからだ。

それにしても、数十年も書籍事業の赤字がわかっていながら、それを放置し続けてきた経営責任は誰にあるのか？　日販の歴代経営陣なのか主要株主なのか、何とも理解しがたい。

ともあれ、日販の「非常事態宣言」の打開策を契機に、新規参入を含め取引条件全般についてのガイドラインを検討する研究会を発足させてはどうだろうか。

第4節　出版敗戦は乗り越えられるか

(1) 二〇一四年著作権法改正の問題点

二〇一四年四月、電子書籍に対応した出版権の整備と海賊版対策を目的とする「著作権法の一部を改正する法律案」が成立し、一五年一月一日から施行された。改正法は、紙媒体による出版のみを対象とした従来の出版権制度を改め、著作権者は、著作物について、次の行為を引き受ける者に対し、出版権を設定することができることになった（七九条関係）。

1　文書又は図画として出版すること（記録媒体に記録された著作物の複製物により頒布することを含む）【紙媒体による出版やCD－ROM等による出版】
2　記録媒体に記録された著作物の複製物を用いてインターネット送信を行うこと【インターネット送信による電子出版】

そして、出版行為を引き受ける者つまり出版権者は、設定行為で定めるところにより、その出版権の目的である著作物について、次に掲げる権利の全部又は一部を専有できることになった（八〇条関係）。

1　頒布の目的をもって、文書又は図画として複製する権利（記録媒体に記録された電磁的記録として複製する権利を含む）＝第一号出版権者
2　記録媒体に記録された著作物の複製物を用いてインターネット送信を行う権利＝第二号出版権者

この改正法によって、従来出版社は設定出版権では紙の出版しか許されていなかったのに対して、新たにパッケージ型書籍（第一号出版権）やオンライン型書籍＝インターネット送信を行う権利を得ることが可能となった。しかし、この設定出版権は、河村文化庁次長（当時）の改正法案が討議され

た際の国会答弁にあるとおり、権利ごとに分割して設定契約を交わすことが可能で、紙の出版はA出版社、CD-ROMについてはB出版社、ネット送信はC電子配信業者という形があり得るのである。改正法では、第二号出版権者には、アマゾンやグーグルといったプラットホーマー＝巨大電子配信業者も加わることが可能になった。

発意と責任において紙の出版物を刊行してきた出版社としては、企画・編集もせず、ただ紙の出版物をスキャニングして電子書籍を発行するという業者がでてくることを危惧し、紙も電子も一体となった総合的な出版権を得ることを望んだが、プラットホーマーの意見が強く、改正法ではそうはならなかった。

(2) 遡っての再契約の必要と改正著作権法の見直しを

出版社としては、今後は、第一号出版権と第二号出版権の両方を一体的に出版契約するか、従来、一部で行なわれていた紙と電子の独占許諾出版契約をする必要がある（独占許諾出版契約は日本の場合、極めて少ない）。また、紙の設定出版権契約しかしていない既刊本の著者とは改めて契約書を取り交わす必要が生じた。ほとんどの出版社が結んでいる紙の設定出版権では、他社からの電子書籍出版を止めさせることはできないからだ。口約束しかしていない出版社は論外で、改めて出版契約書を交わさないと危うい。

改正著作権法第八一条は「出版の義務」を定めていて①原稿の引渡し等を受けてから六月以内に

出版行為又はインターネット送信行為を行う義務がある。

では電子書籍の出版義務をどう果たせばいいのか。第一号出版権にはいるCD－ROMなどのパーケージ型書籍は再販商品ではない。だからこれは紙の本と同じ価格で売りたければ読者に直接販売するしかない。小社も電子書籍を販売しているが、直接注文のみをCD－ROMで販売している。

電子配信については、半年後までに実施すればいいのだが、オンライン型電子書籍は公正取引委員会の見解で再販の対象ではそもそもないので、出版社としては紙の書籍への悪影響を心配して躊躇するところが多い。出版契約書の問題で言えば、インターネット送信については別段の取り決めをしておけば半年後という義務は発生しないので、こうした契約で電子配信を回避している出版社が多い。

日本電子出版協会による「著作権に関するアンケート調査の結果報告」（一八年六月）でも、年間一〇〇冊以上の出版社の場合は七九％が既刊本を電子化しているが、それ以下では半分であった。電子化が進んでいるということは、第二号出版権契約も進んでいるということであろうが、設問に電子出版契約についてはなかった。

改正著作権法で再契約した書籍については、出版情報登録センター（JPRO）に出版権情報を登録しておくのがよい。最近、著者に有料で電子書籍化をすすめ、アマゾンなどで販売して、著者に売上印税を支払うというビジネスが活発化しており、電子書籍化していない本の著者に片端から営業をかけていて、それが教養書、専門書にも及んできていることだ。自衛措置として、一体的契約を進める必要がある。

改正法では、第二号出版権には、公衆送信を目的とする複製権が含まれず、公衆送信権のみとなっているため、第二号出版権者の許諾を得ることなく、公衆送信を行う前段階の複製行為を行うことができる。ネット配信のための準備的スキャン＝複製は止められないということである。

たとえばアマゾンの「なか見！検索」に応じている出版社は、自社出版物をすでにすべてスキャンされている。あとはアマゾンがいつ電子配信に踏み切るかだけである。外堀はすでに埋められているのである。

改正法の衆参両議院の附帯決議は、単なるコピー・スキャン業者、電子配信業社の蔓延によって従来の出版社に悪影響を及ぼすことになる場合には、「必要に応じた見直しを検討すること」としている。危惧されたように早くもその危機が到来していると言えよう。改正法の見直しが必要である。

(3) 再販をめぐる電子書籍対応の失敗と出版危機

出版業界の対応の失敗は、電子書籍をめぐる著作権法改正だけではない。電子書籍を再販商品にできなかったことも、出版業界の対応の失敗であった。

公取委はパッケージ型電子書籍については、六品目に限定しているので、非再販との判断である。これでは出版社は紙の書籍に悪影響があるのでパッケージ型電子書籍など出す気にならない。

インターネット送信によるオンライン型書籍については、公取委は「著作物再販適用除外制度は、独占禁止法の規定上、『物』を対象としています。一方、ネットワークを通じて配信される電子書籍は、

『物』ではなく、情報として流通します。したがって、電子書籍は、著作物再販適用除外制度の対象とはなりません」（「よくある質問コーナー」）との見解である。

独禁法二三条第４項の著作物再販適用除外制度が「著作物を発行する事業者又はその発行する物を販売する事業者が、その物の販売の相手方たる事業者とその物の再販売価格を決定し、これを維持するためにする正当な行為についても、第一項と同様とする」と規定している。つまり「発行する物」「その物の再販売価格を決定」などに着目し、著作物再販適用除外制度の対象が「物」であることから、ネットワークを通じて配信される電子書籍は、情報として流通しているので、その対象にそもそもならないという理屈である。

紙の書籍と機能・効用が同一のパッケージ型電子書籍は、「物」なのだから、音楽用ＣＤのように追加指定しないのはなぜなのか、嫌みの一つも言いたくなるが、公取委の本音は、ただただ著作物再販を廃止したいだけなのだ。日本の出版や新聞や音楽が、大きく言えば文化がどうなろうと関係ないのだろう。

（４）電子書籍配信をどう対応すればいいか

では出版社としては、電子書籍配信をどう対応すればいいか。中小零細出版社では自社配信は難しい。電子配信業者と契約するしかない。出版社の希望価格で販売してくれる電子配信業者とエージェンシーモデル＝代理店契約モデルで契約すればよいということになるが、これにも厳しい壁がある。

電子書籍の価格決定権をアマゾンに認めさせているのは小学館、講談社、集英社、文藝春秋など五、六社で、KADOKAWA、新潮社などの大手すらもっていないという。

電子書籍の価格決定権がないので、安売りを怖れ電子書籍化に躊躇する出版社は多い。フランスでは二〇一一年五月に「電子書籍価格法」(Loi n°2011-590 du 26 mai 2011 relative au prix du livre numérique)が成立し、出版社が小売店に対しパッケージ系電子書籍ならびにオンライン系電子書籍について、電子書籍の再販売価格を決定できることになった。この法律は「電子書籍の割引販売が同じ内容の印刷物の売上げに影響を及ぼすこと(電子書籍による印刷物の書籍市場の侵害(cannibalization))を防ぐ意図に基づくもの」(服部有希国立国会図書館海外立法情報課)だという。

ドイツでは、紙媒体の書籍の再販制度を電子書籍に拡大した。植村八潮専修大学教授によると「ドイツでは、書籍価格拘束法(日本における再販売価格維持)による保護をさらに強化し、電子書籍も対象とした」(「電子書籍がもたらす出版・図書館・著作権の変化　現状分析と今後のあり方の検討」、二〇一三年十月一日)。文化国家はやることが違う。後手後手ではあるが、日本でも電子書籍の価格拘束法の検討をすべきと思う

出版科学研究所によると二〇一七年の電子出版市場は、前年比一六・〇%増の二二一五億円。内訳は電子コミックが同一七・二%増の一七一一億円、電子書籍(文字もの)が同一二・四%増の二九〇億円、電子雑誌が同一二・〇%増の二一四億円。電子コミックは続伸しているが伸び率は縮小。値引きキャンペーンや無料試し読みなどを各社がこぞって行っているため飽和状態となりつつあるという。

紙の出版市場とは真逆の伸びである。電子書籍は点数の増加と比例して販売金額は上昇するというから、分母がおおきくなれば伸び率は鈍化するものの、今後も伸び続けよう。しかし、環境を整えないままの拡大は、編集機能をもたないスキャン専門の電子書籍製作会社と電子配信業者を蔓延させ、紙の出版市場はますます縮小し、出版社そのものの存続を危うくする。

(5) 出版敗戦前夜

日本の出版界は、かろうじて出版再販制度を守ることはできたが、ポイントカードとアマゾン対応、電子書籍対応にことごとく失敗し、挙げ句に取次店危機に波及し、出版敗戦前夜を迎えたのである。

電子書籍の価格拘束法すら議論にならない間に、出版社は紙の出版物は再販商品、パッケージ型であれオンライン型であれ、電子書籍は非再販商品ということになってしまった。両者に対する価格拘束の権利を日本の出版社は失ってしまった。アマゾンに紙でも電子でも追いまくられる時代になってしまったのである。

出版界は、出版社がアマゾンへの有効な対策を打ち出せないまま、書店も取次もふくめアマゾンに「敗戦」してしまった。アマゾンは、大阪屋が潰れようが、日販が潰れようが、何とも思わないし、シナリオのうちという企業である。

敗戦の原因は、政府や公取委、アマゾンにもあるが、ほとんど戦わずして落城前夜をまねいた出版業界、出版社団体や出版社の内部にあった。

雑誌、コミックスはｄマガジンやさまざまな読み放題サービスに移り、オンライン型の電子出版にリードされて、紙の雑誌、コミックの市場は錐もみ状態で縮小し、取次店・書店は急速に紙の市場を失うであろう。

音羽・一ツ橋グループなどの超大手出版社は、不動産業もふくめマルチ化で安泰かもしれないが、紙の出版の不振とオンライン型の雑誌の普及で、大手・中堅雑誌出版社のなかにも、すでに大規模な縮小や身売りするところが出ている。これからは、雑誌を維持できるかどうかに難渋し、その間に多くの雑誌が廃刊となろう。紙の雑誌の時限再販キャンペーンも実施されているが、所詮は焼け石に水である。賞味期限切れの雑誌を買うほど読者は馬鹿ではないし、かえって雑誌離れを引き起こしかねない。

書籍の分野でもガイドブック、料理・ファッションなど生活書、実用書はインターネットにすでに移行しつつあるので、この分野もあまり展望はない。残るは、その他の一般書籍・専門書籍である。文庫・新書はさらに後退するかもしれない。絵本などの児童書は底堅い。その他の一般書籍・専門書籍は売上後退を続けながらも最後までしぶとく生き残りそうである。大部の本をスマートホンやタブレットで読むのはしんどい。プリントアウトして読めば逆に高くなる。日販の『出版物販売額の実態』や出版科学研究所の『２０１８年版　出版指標　年報』などジャンル別売上推移でもそのことは理解できる。

そう考えると、出版社で最後まで生き残るのは、硬派の出版物を含む書籍版元、人文・社会・法経・

理工書などの版元と言える。出版協や梓会の会員出版社が出しているような分野の本である。初版五〇〇部からせいぜい三〇〇〇部位の本で、市場規模でいえば五〇〇〇億円に満たない市場であろう。マスプロ・マスセールの時代は完全に終わった。

そこに必要な取次店は今の半分以下にダウンサイジングした書籍を中心とする取次店である。雑誌やコミックスはオンライン配信が急速に広がるので、取次店としてはその分野の売上減をみながら、ダウンサイジングしていく必要があろう。

書店はどのようになるのかはイメージできない。激減することだけは確かだ。一〇〇〇坪以上の大型書店は売上減少とネット書店の躍進で維持するのが難しいところがでてくるであろう。蔦屋書店代官山モデルは、中年までの都市生活スタイルにマッチさせた小売店や飲食店に雑誌・書籍をコラボさせているが、地方でも受け入れられかは未知数である。ロードサイドのＴＵＴＡＹＡの閉店が目立つなか、ＣＣＣの業績の行方も、日販に跳ね返ることになる。街の書店も外商や教科書販売だけを残し店頭販売を事実上止めているような書店も多くなっており、ますます廃業が続くであろう。

日販は書店事業を本業にすると言っているが、子会社化された書店現場は無気力になっている。取次業と書店業とでは、同じ本を扱っても全く違う仕事である。子会社化された書店はほとんどが金太郎飴書店になっている。

アマゾンは書店数の激減と疲弊を見ながら、日本でもリアル書店の出店をはじめると思われる。総合ネット通販のアマゾンは、取次店とは真逆にロジスティックス（兵站）を重視して日本でも多数の物流倉庫を全国に展開していて、機は熟している。米アマゾンはすでに二〇一五年にシアトルにアマゾン・ブックスを開店したのを皮切りにニューヨーク、ワシントンなど一八年六月までにすでに一六店舗を開店している。一八年一月にはシアトルに無人レジなしスーパーを開店した。アマゾンは総合ネット通販から「ネット×店舗」というオムニチャネルの巨人を目指している。またアマゾンは米国電子書籍市場の八割をすでに掌握していると伝えられる。日本も恐らくそうなろう。

(6) 出版敗戦を乗り越える道はあるのか？

紙の市場規模の急速な縮小とアマゾンの躍進のなかで、問題は、大手取次店のダウンサイジングがうまくいくかどうかに懸かっている。仮にうまくいかなければ、大手取次店に莫大な売掛金をもつ出版社は、多くが資金繰りに詰まり、倒産・廃業の危機を迎えよう。まして「栗田出版販売再生スキーム」が適用されれば、膨大な返品を出版社は買うはめになり、さらに倒産・廃業に拍車がかかるといえる。

出版敗戦を打開する道はあるのか？　規制緩和の見直しが不可欠だが、出版界の当面の処方箋として、筆者はこう考える。

1　出版契約については、紙と電子の一体的契約の推進が不可欠で、契約書の点検と再契約の推進が求められる。

2　電子出版についての著作権法の見直しを求める。

3　電子出版の価格拘束法を検討する。

4　取引条件の改定については、出版社出し正味は最低六八％、七掛け以上の高正味はなくし、定価別でも七一掛けを上限とする。内払いは最高三〇％、支払い保留の廃止。取引条件の最低ガイドラインの設定。こうした取引条件について業界で意見交換をおこなう。

5　大手取次店のダウンサイジングと書籍中心の取次店への転換を図ってもらう。

6　アマゾンのように再販契約書を交わさない書店には再販商品は卸さない。小社を含め水声社、晩成書房はアマゾンへの出荷停止をして四年半を過ぎた。

7　租税回避型総合ネット通販会社に対する政府規制を求める。

出版界がばらばらに動き出している現在、もはや手遅れの感もするが、こうした課題のいくつかを実現できなければ、出版敗戦の日を迎えるしかない。そこには戦後復興はない。

資料1　大脇雅子参議院議員の小渕恵三内閣総理大臣に対する質問主意書と同総理大臣の答弁書

第一四三回国会（臨時会）
質問主意書

質問第六号
公正取引委員会の「著作物再販制度の取扱いについて」に関する質問主意書
右の質問主意書を国会法第七十四条によって提出する。
　平成十年九月二十八日

大脇　雅子

参議院議長　斎藤　十朗　殿

公正取引委員会の「著作物再販制度の取扱いについて」に関する質問主意書

書籍・雑誌、新聞及びレコード盤・音楽用テープ・音楽用CDの再販に関する独禁法適用除外制度（著作物再販制度）の廃止の是非について、公正取引委員会は、本年三月三十一日、「著作物再販制度の取扱いについて」（以下「取扱い」という。）において、「競争政策の観点から、廃止の方向で検討されるべき」としつつ、「廃止した場合の影響について配慮と検討を行う必要がある」旨の基本的見解を明らかにした。

著作物再販制度は、事業の文化的・公共的使命に鑑み、著作権者保護、著作物の伝播に携わる者の保護のためには不可欠であり、関係団体では、制度を維持すべきであるとの意見が、大勢を占めている。

仮に制度が廃止された場合、商品価格等が自由化されることなどにより、一面、消費者利便の向上には なろうが、創作者、出版社にとっては、より過当な競争を強いられ、結果として作品や情報の質の低下が危惧されることは否めない。
公正取引委員会は、一定の期間経過後に制度自体の存廃について結論を得ることとしているが、性急な決定は避けるべきであるとの立場から、次の点について質問したい。
一、「取扱い」は、いかなる法的性格の文書なのか、即ち何らかの法的強制力、行政処分性を有する文書なのか、この内容を守らないと再販事業者が何らかの不利益を被ることになるのか否かについて明らかにされたい。
二、再販事業者が、当を得ていないとの判断のもとに、「取扱い」が求める著作物再販制度の維持による弊害を是正する措置を実行しない場合は、公正取引委員会が、著作物再販制度を廃止すべきであるとの結論を得るものと理解してよいのか明らかにされたい。
三、著作物再販品目の範囲の限定、明確化は、独禁法の改正等によって実施するのか否か、また、実施する場合、その時期は何時かについて明らかにされたい。
四、アメリカ合衆国政府の日本に対する規制緩和の要求のなかに、著作物再販制度の廃止があったのか否か、また、あった場合、これに対しいかなる対応をされたのか明らかにされたい。
右質問する。

第一四三回国会（臨時会）
答弁書

答弁書第六号
内閣参質一四三第六号
平成十年十月二十七日

内閣総理大臣　小渕　恵三

参議院議長　斎藤　十朗　殿

参議院議員大脇雅子君提出

公正取引委員会の「著作物再販制度の取扱いについて」に関する質問に対し、別紙答弁書を送付する。

参議院議員大脇雅子君提出公正取引委員会の「著作物再販制度の取扱いについて」に関する質問に対する答弁書

一について

公正取引委員会作成に係る平成十年三月三十一日付け「著作物再販制度の取扱いについて」と題する文書（以下「取扱いに関する文書」という。）は、私的独占の禁止及び公正取引の確保に関する法律（昭和二十二年法律第五十四号。以下「独占禁止法」という。）第二十四条の二第四項に基づき著作物の再販売価格維持行為について独占禁止法の適用を除外する制度（以下「著作物再販制度」という。）等についての公正取引委員会の解釈及び今後の方針を示したものであり、それ自体、法的強制力を持つものでもなければ、行政処分としての性格を有するものでもない。

しかし、公正取引委員会においては、今後、取扱いに関する文書で示した方針により、独占禁止法の運用及び著作物再販制度の見直しを行っていくこととしており、例えば、取扱いに関する文書で示した独占禁止法の解釈によれば独占禁止法第二十四条の二の規定に該当しないと認められる再販売価格維持行為を行った場合には、独占禁止法第十九条等に違反するものとして対処することとなる。

二について

取扱いに関する文書において、公正取引委員会は、これまで我が国における著作物再販制度は、関係業界により硬直的・画一的に用いられてきた傾向があり、結果として消費者ニーズへの対応や利便の向上を損なったりしている面もみられることなどから、消費者利益を確保する観点から、関係業界に対し、現行の著作物再販制度の下において指摘されている各種の流通・取引慣行上の弊害の是正を要請したところであるが、これは、あくまでも現行の著作物再販制度の下での是正を求めるものであり、かかる要請に沿った関係業界による弊害是正措置の実行の有無と著作物再販制度自体の存廃とは直ちに結びつくものではない。

三について

著作物再販制度に関し、公正取引委員会においては、独占禁止法上再販適用除外が認められる著作物の取扱いを明確にするためには、法的安定性の観点から、立法措置によって対応するのが妥当と考えているところであるが、取扱いに関する文書において一定期間経過後に著作物再販制度自体の存廃についての結論を得ることとしていることから、現時点で、法改正の時期等を明らかにすることはできない。

四について

著作物再販制度については、日米間の新たな経済パートナーシップのための枠組みの下で公表された規制緩和等に関するアメリカ合衆国側要望書（以下「要望書」という。）及びアメリカ合衆国通商代表部作成に係る外国貿易障壁年次報告（以下「年次報告」という。）において、次のとおり言及されている。

1　平成七年十一月二十二日公表の要望書

再販売価格維持に関するすべての独占禁止法適用除外について、千九百九十八年末までに廃止する観点から見直しを行う。

2　平成八年十一月十五日公表の要望書

独占禁止法及び景品表示法に基づくすべての適用除外について、必ずしも必要ではない適用除外その他類似する措置は廃止するとの観点から、千九百九十七年度末までに見直す。特に、独占禁止法第二十四条の二に規定される再販売価格維持に関するすべての適用除外及び景品表示法第十条第五項の廃止に注意が払われるべきである。
3　平成九年十一月七日公表の要望書
千九百九十八年四月までに、独占禁止法上の適用除外、とりわけ第二十四条の二（再販売価格維持）を見直すとともに、景品表示法の適用除外も見直す。
4　年次報告千九百九十八年版（千九百九十七年版にも同様の記述がある。）
再販売価格維持－千九百九十七年四月、日本政府は、独占禁止法の製品の適用除外をすべて廃止したが、著作物（書籍、雑誌、新聞、CD）のみが顕著な例外となっている。独占禁止法の下で、小売価格の維持が他の慣行と異なる扱いをされるべき理由は全くない。
右のとおり、アメリカ合衆国政府は、公式文書の中で著作物再販制度について言及しているが、我が国としては、平成四年四月以降、公正取引委員会において、著作物再販制度の在り方について検討を続けているところ、これは右アメリカ合衆国政府の要望を受けて開始したものではなく、我が国独自の判断で開始したものである。また、右アメリカ合衆国政府の要望については、他の内外の意見と同様、著作物再販制度の在り方についての検討の際の参考意見として取り扱っているところである。

資料2　大脇雅子参議院議員の小泉純一郎内閣総理大臣に対する質問主意書と同総理大臣の答弁書

第一五一回国会（常会）
質問主意書
質問第四一号

公正取引委員会の「著作物再販制度の取扱いについて」に関する質問主意書

右の質問主意書を国会法第七十四条によって提出する。

平成十三年六月二十八日

大脇　雅子

参議院議長　井上　裕　殿

公正取引委員会の「著作物再販制度の取扱いについて」に関する質問主意書

雑誌・書籍、新聞及びレコード盤・音楽用テープ・音楽用ＣＤの再販に関する独禁法適用除外制度の廃止の是非について、公正取引委員会（以下「公取委」という。）は、去る三月二十三日に「著作物再販制度の取扱いについて」（以下「見解」という。）を発表し、著作物再販制度を「競争政策の観点からは同制度を廃止し、著作物の流通において競争が促進されるべきであると考える」としながらも、「文化・公共面での影響が生じるおそれがあるとし、同制度の廃止に反対する意見も多く、なお同制度の廃止について国民的合意が形成されるに至っていない状況にある」との現状理解から、「現段階において独占禁止法の改正に向けた措置を講じて著作物再販制度を廃止することを行わず、当面同制度を存置することが相当であると考える」と結論した。

著作物再販制度は言論・出版・表現の自由と学問・文化・芸術の継承・発展・多様性のために不可欠であり、専門的学術や先進的な少数意見を伝達可能とし、また、これらの著作物を安価に国民が入手できることによって、我が国の社会と文化、民主主義の発展に最も効率よく大きく寄与しており、著作物再販制度の存続を求める立場から、次の諸点について質問する。

一、見解は、いかなる法的性格の文書なのか、すなわち何らかの法的強制力、行政処分性を有する文書なのか否かについて明らかにされたい。

二、見解は、著作物再販制度を「当面」「存置することが相当」と結論しているが、「当面」とはいかなる期間、年数をいい、またいかなる要件、条件を想定しているのか、具体的に明らかにされたい。

三、見解は、公取委として「著作物再販制度の廃止について国民的合意が得られるよう努力を傾注する」と述べているが、いかなる予算的裏付けのもとに具体的に何をする予定なのか、明らかにされたい。

四、前記「国民的合意」とはいかなる指標・基準によって誰が判断するのか、具体的に明らかにされたい。

五、「関係業界に対し、非再販商品の発行・流通の拡大、各種割引制度の導入等による価格の設定の多様化等の方策を一層推進することを提案し、その実施を要請する」としているが、具体的にはどのような各種割引制度等を想定しているのか、明らかにされたい。

六、前記割引制度が、著作物再販制度に抵触する場合として、どのようなケースを考えているのか明らかにされたい。

また、いわゆるポイントカードは再販契約に抵触するとの見解が一般的であるが、公取委はいかなる見解を有しているのか明らかにされたい。また、抵触しないとの考えならば、いかなる理由によるものか、併せて明らかにされたい。

七、五の「実施の要請」を関係事業者が適当ではないとの判断のもとに実施しなかった場合、公取委は消費者利益に反する再販制度の硬直的運用とみなすのか、またそうみなした場合、何らかの強制的な処置を採るのか、明らかにされたい。

八、著作物の流通についての意見交換の場としての「協議会」は、どのような目的、構成メンバーで、どのような頻度で、いつからいつまで開催されるのか明らかにされたい。また、具体的には何を検討し、そこで決定されたことを関係事業者に実施を約束させるような組織か否か、明らかにされたい。

九、見解は今後、「取引実態の調査・検証に努める」としているが、具体的にどのような手だてを考えているのか明らかにされたい。

十、公取委は、今後、著作物再販制度をどのように取り扱っていくのか明らかにされたい。

右質問する。

第一五一回国会（常会）

答弁書

答弁書第四一号

内閣参質一五一第四一号

平成十三年七月三十一日

内閣総理大臣　小泉　純一郎

参議院議長　井上　裕　殿

参議院議員大脇雅子君提出公正取引委員会の「著作物再販制度の取扱いについて」に関する質問に対し、別紙答弁書を送付する。

参議院議員大脇雅子君提出公正取引委員会の「著作物再販制度の取扱いについて」に関する質問に対する答弁書

一について

公正取引委員会作成に係る平成十三年三月二十三日付け「著作物再販制度の取扱いについて」と題する文書（以下「取扱いに関する文書」という。）は、私的独占の禁止及び公正取引の確保に関する法律（昭和二十二年法律第五十四号。以下「独占禁止法」という。）第二十三条第四項の規定に基づき同項に規定する著作物（以下「著作物」という。）の再販売価格維持行為について独占禁止法の適用を除外する制度（以下「著作物再販制度」という。）について、「規制緩和推進三か年計画」（平成十年三月三十一日閣議決定）を始めとする累次の閣議決定に基づき公正取引委員会が検討を行ってきた結果を取りまとめたものであり、それ自体、法的拘束力を持つものでもなければ、行政処分としての性格を有するものでもない。

二について

取扱いに関する文書においては、お尋ねの「当面」の期間について、具体的な期間を想定しているものではなく、今後、著作物の流通実態、事業者における著作物再販制度の運用状況、著作物再販制度の廃止が文化に与える影響等の変化を通じて著作物再販制度を廃止することについて国民的合意が形成されたと判断するまでの間、著作物再販制度を存置することを相当としたものである。

三について

お尋ねの国民的合意を得るための努力については、今後、公正取引委員会において、その具体的内容及び予算措置を検討してまいりたい。

なお、公正取引委員会は、取扱いに関する文書において述べたとおり、「現行制度の下で可能な限り運用の弾力化等の取組が進められることによって、消費者利益の向上が図られるよう、関係業界に対し、非再販商品の発行・流通の拡大、各種割引制度の導入等による価格設定の多様化等の方策を一層推進すること」を提案し、その実施を要請したところである。また、今後、取扱いに関する文書において示した「公正取引委員会、関係事業者、消費者、学識経験者等を構成員とする協議会」（以下「協議会」という。）を開催し、著作物の流通についての意見交換を行うことを予定している。

四について

お尋ねの国民的合意の形成の有無について、その判断の基準等を具体的にお示しすることは困難であるが、まずは、公正取引委員会において国民各層の意見等を踏まえて判断することとなる。

なお、著作物再販制度を廃止するためには独占禁止法を改正する必要があり、政府として著作物再販制度の廃止に係る法律案を提出するに当たって、公正取引委員会において関係省庁と協議を行うこととなるが、最終的には立法府において当該法律案が適切かどうかについて判断されることとなる。

五について

お尋ねの「各種割引制度等」について、公正取引委員会においては、月刊誌等の年間購読者に対する前払割引定価の設定、書籍又は雑誌の大量一括購入等に対する割引、新聞の長期購読者に対する割引定価の設定、音楽用ＣＤ等の廉価盤商品の発行等を想定しているところである。

六について

お尋ねの割引制度やいわゆるポイントカードの提供が、再販売価格維持行為について定めた事業者間の契約に反するかどうかについては、当該事業者間において判断されるべき問題である。

なお、公正取引委員会においては、著作物再販制度が硬直的に運用されているとの指摘もあることから、可能な限りその運用の弾力化等の取組が進められることによって、消費者利益の向上が図られることが望ましいと考える。

七について

お尋ねの公正取引委員会の要請は、法的拘束力を持つものではなく、事業者において、当該要請に係る措置を採らなかったとしても、公正取引委員会として直ちに法的措置等を採ることはないが、独占禁止法第二十三条第四項の規定においては、著作物の再販売価格維持行為について「一般消費者の利益を不当に害することとなる場合及びその商品を販売する事業者がする行為にあつてはその商品を生産する事業者の意に反してする場合」には独占禁止法の適用が除外されないとされているところであり、著作物の再販売価格維持行為が右の場合に該当するおそれがあれば、公正取引委員会としては適切に対処することとしている。

八について

取扱いに関する文書においては、三についてで述べた公正取引委員会の要請について、「これらの方策が実効を挙げているか否かを検証し、より効果的な方途を検討するなど、著作物の流通についての意見交換をする場として、公正取引委員会、関係事業者、消費者、学識経験者等を構成員とする協議会を設けることとする」としたところである。公正取引委員会としては、本年秋以降、年一回又は二回の頻度で協議会を開催する予定であるが、その具体的な構成員、設置期間及び検討事項については、今後、検討することとしている。

協議会は、構成員による意見交換の場であり、お尋ねのような「そこで決定されたことを関係事業者に実施を約束させるような」ものではない。

九について

公正取引委員会においては、著作物再販制度が運用されている著作物の取引実態について、消費者利益の向上が図られるよう必要に応じて調査を行い、問題点があれば改善を図っていくこととしているが、当該調査の具体的内容については、今後、検討していくこととしている。

十について

公正取引委員会においては、規制緩和を推進し、公正かつ自由な競争を促進することが求められていることから、競争政策の観点からは著作物再販制度を廃止し、著作物の流通において競争が促進されるべきであると考えており、今後とも著作物再販制度の廃止について国民的合意が得られるよう努力を傾注するとともに、現行制度の下で可能な限りの運用の弾力化等の取組が進められることによって消費者利益の向上が図られるよう努めていくこととしている。

再販売価格維持契約書　（出版—取次）

（出版社名）　　　　　　　　　　を甲とし、（取次店名）　　　　　　　　　　を乙として、甲と乙は、次のとおり約定する。

甲と乙とは以下により再販売価格維持契約を締結するが、再販出版物とともに非再販出版物の取引もあり、両出版物の扱いが混同され、読者に誤認を生むことのないよう相互に誠意を持って協力する。

第一条　甲と乙は、独占禁止法第二十三条の規定に則り、甲が発行又は発売する出版物に係る再販売価格を維持するため、この契約を締結する。

第二条　この契約において再販売価格維持出版物とは、甲がその出版物自体に再販売価格（「定価」との表示を用いる。以下、定価と称する。）を付して販売価格を指定したものをいう。

第三条　乙は、乙と取引きする小売業者（これに準ずるものを含む。以下同じ）及び取次業者（これに準ずるものを含む。以下同じ）との間において再販売価格維持出版物の定価を維持するために必要な契約を締結したうえで同出版物を販売しなければならない

第四条　乙は、前条に定める契約を締結しない小売業者及び取次業者には再販売価格維持出版物を販売しない。

第五条　乙が第三条及び第四条の規定に違反したときは、甲は乙に対して警告し、違約金の請求、期限付の取引停止の措置をとることができる。

2　前項の定める違約金は、金　　　　　　　　　　円とする。

第六条　この契約の規定は、次に掲げる場合には適用しない。

(1) 甲が、自ら再販売価格維持出版物に付されている「定価」の表示の変更措置をした場合

(2) 甲が認めた場合における、定期刊行物・継続出版物等の長期購読前金払い及び大量一括購入、その他謝恩価格本等の割引

第七条　この契約の有効期間は、契約締結日から一年間とし、期間満了の三カ月前までに、甲、乙いずれからも別段の意思表示がないときは、自動的に継続するものとする。

以上契約の証として茲に本書一通を作成し、これに甲、乙記名捺印の上甲が所持し、乙はその写しを所持する。

年　月　日

甲（出版）　　　　　　　　　　㊞

乙（取次）　　　　　　　　　　㊞

（ヒナ型 出版再販研究委員会作成 2017.11）

覚　　書（出版—取次）

　　年　月　日付で甲・乙間で締結した再販売価格維持契約書（出版⇔取次）〔以下契約書という〕における契約慣行上の疑義を解消し、再販制度の本旨に沿った運用がなされるよう以下の通り取決める。

＜ 記 ＞

1）　契約書第六条(1)にある
＜「定価」の表示の変更措置＞とは、「出版物の価格表示等に関する自主基準」および「同実施要領」に則ったものとする。

2）　契約書第六条(2)にある
甲が認めた場合における＜大量一括購入＞とは、官公庁等の入札によらない大量一括購入であり、この場合の割引販売においても甲の承諾を得るものとする。

3）　契約書第六条(1)および(2)の実施にあたって、乙は甲と協議の上小売業者に対し、公平性が確保されるように配慮し、事前に出版業界紙や自社ウェブサイト等で広報活動を行うものとする。
また、謝恩価格本販売実施の際、それに参加しない小売業者に明らかな損害が生じた場合、乙は甲と速やかに協議の上、小売業者の損害回避のため返品入帳等の承諾を得るものとする。

4）　また契約書第六条(2)にある
甲が認めた場合における＜その他謝恩価格本等＞とは、甲主催による、再販出版物の書目・期間および場所限定（ウェブサイトを含む）の割引販売を意味している。これには小売業者独自の判断で実施するところの、再販出版物の割引販売に類する行為は含まれない。
小売業者独自で行う割引販売行為については、甲の承諾を得るものとする。

5）　本覚書は契約書と一体をなすものである。

年　月　日

甲（出版）　　　　　㊞

乙（取次）　　　　　㊞

（ヒナ型 出版再販研究委員会作成 2017.11）

あとがき

緑風出版が、二〇一四年五月にアマゾンへの出荷停止をしてから、四年半になる。二〇一六年三月に、日本出版者協議会（旧出版流通対策協議会）の会長を退き、二年半が経った。その間、出版をめぐる状況は危機的とも、破滅的とも言わざるを得ない事態を迎えている。しかもその苦境を突破していく展望も見い出せないまま、羅針盤は壊れ波浪の中を漂流している。

一九七一年に出版界に身を置くようになって、すぐに書店ストを目撃し、七八年の公正取引委員会による著作物再販制度の廃止要求から現行再販制への移行をみた。一九八二年に緑風出版を創業し、大手取次店の差別的取引条件の強要を目の当たりにした。小出版社が再販売価格つまり定価決定権まで失ったら、継続的出版はできないと痛感した。旧出版流通対策協議会に加入、注文品支払い保留を外すのに何年もかけ、ようやく資金繰りがつくようになった。しかしその傍らで、私より遥かに高い出版の志を抱きながら、資金がつき撤退せざるをえない出版人を何人も目撃した。わたしが旧出版流通対策協議会の活動に参加した所以である。出版再販制度の擁護と差別取引の是正が出版社の出版活動を保障し、新規参入を促し、出版を実りあるものにしていくと確信してこれまで活動してきた。

本書は、一九七八年の公正取引委員会による著作物再販制度の廃止要求から現行再販制への移行、米国の規制緩和要求の一つとして出され、その意を受けた歴代政府や公正取引委員会による再販制度廃止と弾力運用の要求、それに対する主として出版業界の対応の歴史を記した。

弾力運用の目玉であったバーゲンブックセールは芳しい成績を修められず、アリバイ的なものになるなか、ポイントカードがアウトサイダー的な書店から広まり、日書連の反対運動の挫折を経て、アマゾンの大幅ポイントサービスに行き着く。大規模小売店舗法の規制緩和は、一般書店を衰退させ大手書店チェーンの全国展開をもたらした。しかしアマゾンの上陸と躍進は、街の書店ばかりでなく、大手書店チェーンを追い込み、遂には取次店危機を引き起こし、今日の事態を迎えている。

出版が紙の出版から紙と電子の出版の時代を迎えるなか、出版界は出版物再販制度をかろうじて守ることはできたが、弾力運用問題、ポイントカード問題、アマゾン対応、電子書籍の再販商品化、著作権法改正での出版者の権利の確立などの対策にことごとく失敗し、敗戦前夜のような今日の状況を引き起こした。

どこで間違えたのか。どこで失敗したのか。そしてこれからでも打開策はあるのか。

本書は、出版物再販制度をめぐって、一九七八年から二〇一八年までの四十年を、一出版人の視点から総括し、苦難の時代に喘ぐ出版界の課題を考えてみた。当然、異論・反論もあると思う。お怒りになる方もおられるかもしれない。誤りなどがあればご指摘いただければと思う。筆者としては、出版の未来を考える議論のたたき台の一助となれば、望外の幸せである。

本書は、初出一覧に掲げた『出版ニュース』に寄稿した小論を中心に、『新文化』『文化通信』などの業界紙や出版協の「ほんのひとこと」に寄稿したものなどを参考に書き下ろした。出版ニュース社の清田義昭編集長には改めて御礼申し上げる。また、日本出版者協議会の菊地泰博相談役、水野久会長、竹内淳夫前副会長ほか理事・元理事の皆様に感謝したい。出版にあたっては論創社の森下紀夫社長にまたも御世話になった。緑風出版の高須ますみ、斎藤あかねにも感謝したい。

二〇一八年九月十八日

［初出一覧］

「出版界が抱えている当面の諸問題と流対協」『出版ニュース』二〇〇三年二月上旬号
「流対協は出版界の問題にどう取り組むか」『出版ニュース』二〇〇四年四月上旬号
「出版の未来を閉ざす差別取引」『出版ニュース』二〇〇六年一月下旬号
「出版流通対策協議会の課題」『出版ニュース』二〇〇七年一月下旬号
「ルール無視の再販制度の弾力運用」『出版ニュース』二〇〇八年四月上旬号
「出版界の喫緊の課題にどう対処すべきか」『出版ニュース』二〇〇九年三月下旬号
「出版の危機と再販制の空洞化にどう立ち向かうのか」『出版ニュース』二〇一〇年三月下旬号
「再び存置された再販制度」『出版ニュース』二〇一一年一月上中旬号
「岐路に立つ出版と流対協」『出版ニュース』二〇一二年四月中旬号
「日本出版者協議会（出版協）の発足とその課題」『出版ニュース』二〇一三年一月上中旬号
「どうなる出版者の権利と再販制度」『出版ニュース』二〇一三年四月上旬号
「紙と電子の再販制度を考える」『出版ニュース』二〇一四年一月上中旬号
「アマゾンの値引きと再販制度」『出版ニュース』二〇一四年七月中旬号
「アマゾンが吹き荒れる二〇一五年の出版」『出版ニュース』二〇一五年一月上中旬号
「栗田出版販売の民事再生と正味問題」『出版ニュース』二〇一五年十月上旬号
「アマゾンバックオーダー中止と出版の危機」『出版ニュース』二〇一七年七月中旬号
「出版はどうなるのか」『出版ニュース』二〇一八年九月中旬号

高須 次郎（たかす・じろう）

1947年、東京都生まれ。1971年、早稲田大学第一政経学部卒。中央経済社を経て、仏ディジョン大学に学ぶ。1976年、技術と人間に入社、1982年、緑風出版創業。2004年から16年まで日本出版者協議会（旧出版流通対策協議会）会長。現在相談役。一般社団法人日本出版著作権協会（JPCA）代表理事。

著書に『再販／グーグル問題と流対協——出版人に聞く3』『グーグル日本上陸撃退記——出版社の権利と流対協』（ともに論創社、2011年）。共著に『本の定価を考える』（新泉社、1992年）、『裁判の中の天皇制』（緑風出版、1997年）、『核燃料サイクルの黄昏』（緑風出版、1998年）など。

出版の崩壊とアマゾン——出版再販制度〈四〇年〉の攻防

2018年11月20日　初版第1刷発行
2019年 1 月20日　初版第2刷発行

著　者　高須次郎
発行者　森下紀夫
発行所　論 創 社

東京都千代田区神田神保町2-23　北井ビル

tel. 03（3264）5254　fax. 03（3264）5232　web. http://www.ronso.co.jp/
振替口座　00160-1-155266

装幀／宗利淳一＋田中奈緒子
印刷・製本／中央精版印刷　組版／フレックスアート

ISBN978-4-8460-1754-5　